www.tredition.de

AF177509

M. El-Attar

Das Jahr 1798 - Die Falle am Nil

Die Ägypten-Expedition und die englische Verschwörung

© 2019 M. El-Attar

Verlag und Druck: tredition GmbH, Hamburg

ISBN
Paperback: 978-3-7482-5122-4
Hardcover: 978-3-7482-5123-1
e-Book: 978-3-7482-5124-8

Inhalt

Einstimmung

Soweit es mir neben meiner Architektentätigkeit möglich war, arbeitete ich an einem Buch über meine Geburtsstädte Alexandria, der ich 1960 aufgrund der aufkommenden Militärdiktatur den Rücken kehrte.
Dieses Buch sollte u.a. kritisch vor Augen führen, wie nach dem Militärputsch vom 23. Juni 1952 die einstige tolerante und kosmopolitische mediterrane Stadt ihr bis dahin unverwechselbares Gesicht einbüßte und zur bloßen el-Iskandaria wurde.
Doch alles kam völlig anders.

Anlässlich eines Geburtstages erhielt ich das Buch „*Bonaparte in Ägypten*" geschenkt, das 1983 im Piper Verlag erschienen ist.
Als ich auf dem Umschlag vernahm, dass es sich dabei um die Chronik eines mir völlig unbekannten Ägypters namens al-Gabarti handelte, legte ich es achtlos ins Bücherregal.

Einige Zeit später suchte ich ein Buch und erblickte dabei das bis dahin verkannte Geschenk. Im Stehen blätterte ich es systemlos durch und wie der Zufall es wollte, blieb ich auf Seite 81 hängen, wo al-Gabarti erwähnt, dass am 22. Juni 1798 Nachrichten aus Alexandria nach Kairo gelangt seien, die besagten, dass 10, dann später weitere 15 englische Schiffe vor der Hafenstadt erschienen und einige Engländer per Boot an Land gekommen waren, um sich nach dem Verbleib der französischen Flotte zu erkundigen. Drei Tage später erschien die englische Flotte erneut vor der Küste, um schließlich wieder davon zu segeln.
Die napoleonische Armada erreichte erst einige Tage später, am 30. Juli 1798, die alexandrinische Küste.

Dies war mir völlig neu.

Denn die Geschichtsschreibung lehrt uns, dass Napoleon unter größter Geheimhaltung seinen Zielort Ägypten ansteuerte.

Wieso, so lautete die erste Frage, lauerten die Engländer vor der ägyptischen Küste, anstatt der noch im Mittelmeer segelnden französischen Armada nachzujagen?

Von Neugier getrieben, begann ich das Buch zu erforschen, stolperte dabei Seite für Seite auf Informationen und Beobachtungen, die mich verblüfften, aber auch irritierten.

Und als schließlich die künstlerische und wissenschaftliche Ausbeute der Ägypten-Expedition, die „Description de l´Egypte", aus der Sicht der Chronik betrachtet wurde, zeichnete sich nach und nach eine völlig andere, höchst fantastische Geschichte.

Der dichte Nebel des Jahres 1798, in den der junge französische General Bonaparte mit der besten Armee und der einzigen Flotte des Landes so Hals über Kopf eintauchte, begann sich allmählich zu lichten.

Köln, in März 2019

1. Kapitel
Der Kairoer al-Gabarti
Chronist und Augenzeuge

»Die Historie wird immer umgeschrieben; was schon bemerkt worden. Jede Zeit und ihre hauptsächliche Richtung macht sie sich zu Eigen und trägt ihre Gedanken darauf über. Danach wird Lob und Tadel ausgeteilt. Das schleppt sich dann alles so fort. Bis man die Sache gar nicht mehr erkennt. Es kann dann nichts helfen als Rückkehr zu der ursprünglichsten Mitteilung«, so heißt es um 1840 in Rankes Tagebüchern.

Die Zeilen des Historiographen Leopold von Ranke (1795-1886), der heute als Begründer der modernen Geschichtswissenschaft gilt, treffen nur zu einem Teil auf die napoleonische Ägypten-Expedition zu. Denn nach all dem, was in diesem Buch noch folgen wird, wurde bei der Ägypten-Expedition keine Historie umgeschrieben, sondern wurden Tatsachen schlichtweg gänzlich unterschlagen, mit der Folge, dass manche bedeutenden historischen Ereignisse der Nachwelt verborgen blieben.

So blieb die waghalsige Expedition in das Land der Pharaonen ein ewiges und ungelöstes Rätsel, deren wahre Motive im Nebel der Wirren des 18. Jahrhundert verhüllt blieben.

Immer und immer wieder wurde dieses Unternehmen aus europäischer Sicht analysiert und neu interpretiert. Doch keinem, der diese Herausforderung annahm, konnte es bisher gelingen, einleuchtende und nachvollziehbare Gründe dafür vorzulegen, warum ein charismatischer General mit der besten Armee Europas und der einzigen Flotte des Landes den europäischen Kontinent bei Nacht und Nebel verließ.

Wie man sich auch immer bemühte, letztlich kamen alle Erklärungsversuche nicht über schwammige Begründungen hinaus, von denen obendrein das Meiste ad absurdum geführt werden kann.

Und nicht selten wurden dabei neue Fragen aufgeworfen, die die Annahme aufkommen ließen, dass die gesamte napoleonische Angelegenheit aus einem dichten Geflecht von Ungereimtheiten bestand, durch das die einzelnen Mosaiksteine einfach nicht zueinander fanden.

Ungeachtet der vielen Theorien blieb dennoch stets eine Tatsache unumstößlich: Eine bewundernswerte Nation wie Frankreich im 18. Jahrhundert, die nach mehreren spektakulären militärischen Siegen in Europa bestrebt war, zu einer führenden Weltmacht aufzusteigen, um die Doktrinen der eigenen Revolution in der übrigen Welt zu verbreiten, kann eigentlich unmöglich ein solches Handeln aus eigenen Antrieb geplant haben.

Welcher Franzose, und mag dieser noch so ›verrückt‹ gewesen sein, hätte den besten General, den Frankreich je hervorbrachte, dazu die beste Armee und die einzige Flotte des Landes zu einer zweifelhaften Expedition in den fernen Orient auf die unsicheren Wogen des Meeres entsendet, während die Heimat von allen Seiten von Feinden umgeben war?

Unweigerlich drängt sich hier die Vermutung auf, dass eine andere Wahrheit hinter den Geschehnissen verborgen sein muss.

Und somit wären wir wieder bei Ranke und dem Versuch, ›*zu der ursprünglichsten Mitteilung*‹ zurückzukehren, aus der womöglich die geschichtliche Wahrheit abgeleitet werden kann.

Das bedeutet: Wenn die Geschichtsschreibung bisher versagt hat, dann, weil die Suche nach den nötigen Hinweisen im falschen Umfeld erfolgte und die Suche nach Antworten stets auf den europäischen Kontinent und dessen Chronisten fixiert war.

Wer im historischen Nebel nach den Hintergründen einer der missglücktesten militärischen Operationen der modernen Geschichte suchen will, muss sich im Niltal am Ort des Geschehens auf Spurensuche begeben und sich dort nach dienlichen zeitgenössischen Berichten umschauen.

Nur an ihrem Ziel können die treibenden Gründe und somit die Antworten auf die vielen Fragen für diese Expedition gefunden werden. Und hierfür gibt es einen Augenzeugen, der alles peinlich genau festhielt, was um ihn herum in diesen stürmischen Zeiten geschah: den Kairoer Chronisten al-Gabarti.

Abd er-Rahman al-Gabarti (1754-1829) lebte zu einer Zeit des Umbruchs, in der Ägypten folgenschwere historische Umwälzungen erfuhr: Die Landung Napoleons in Alexandria und seine Schlachten mit den Mameluken, den Kriegen der Franzosen gegen die Engländer und die Türken und schließlich die türkische Besetzung, die letztlich mit dem Aufstieg Mohammed Alis, dem Begründer der albanischen Dynastie, endete.

Al-Gabarti gehörte einer Gruppe von Geistlichen an, die von der französischen Besatzungsmacht berufen worden war, an jenem Diwan teilzunehmen, der als Staatsrat Ägypten stellvertretend verwalten sollte, hatte somit engen Kontakt zu der französischen Besatzungsmacht.

Zu seinen fesselndsten Werken gehören die *Tagesaufzeichnungen al-Gabarti* – eine kürzere Fassung über die französische Invasion, die Ägypten wie ein Wüstensturm heimsuchte, um ebenso schnell wieder zu verschwinden.

Der Kairoer Gelehrte hatte seine Beobachtungen im Stile eines Tagebuches verfasst, das zu einer vielbändigen Chronik zusammenwuchs, deren Original jedoch verloren ging.

Über das Leitmotiv seiner Arbeiten schreibt er:

»Meine Verantwortung dabei besteht nur Gott gegenüber; bei alledem suche ich nicht einem großen Herrn zu dienen oder einem Wesir oder Emir gehorsam zu sein. Ich suche darin keinen Staat durch Kritik oder Preis zu täuschen oder wegen irgendwelcher seelischen Neigungen oder körperlichen Begierden die Charakterbilder von Leuten zu schädigen. Ich bitte Gott, mich davor zu bewahren, dass ich einen Weg beschreibe, auf dem ich nicht geschritten bin, und Handel treibe mit einem Kapital, das mir nicht gehört.«

Seine große Chronik hatte al-Gabarti für sich selbst Jahr für Jahr fortgeführt. Dabei dachte er an künftige Leser, doch wohl erst nach seinem Tod. Und er sah sein vielbändiges Werk in erster Linie als Vermächtnis, das er seinen Nachkommen hinterließ.

Die Verwaltung der Geschichte in Ägypten sah er als vernachlässigt an, ein Zustand, den er bitterlich beklagte:

»Seitdem Gott unsere Art von Menschen hervorgerufen hat, haben die Nationen der Vergangenheit nie aufgehört, die Geschichte zu registrieren, von einem Vorgänger zum früheren und ein Nachfahre auf den anderen; nur die Leute unserer Zeit haben sie von sich gewiesen, vernachlässigt und beiseite geschoben. Sie gaben sie auf und erachteten sie als Beschäftigung für Müßiggänger und Verfasser von Ammenmärchen.«

Seine Liebe zur Wahrheit wurde ihm allerdings zum Verhängnis.

Als die Franzosen kapitulierten und Ägypten verließen, riss der albanische Despot Mohammed Ali die Macht an sich und von nun an brachen für Intellektuelle wie al-Gabarti schwere Zeiten an.

Fortan galt nur noch eine Wahrheit am Nil, nämlich die des albanischen Tyrannen.

Lange Zeit wurde al-Gabartis Chronik nicht gedruckt, da sie sich über den Begründer der neuen Dynastie kritisch und teilweise sogar feindlich äußert. Mohammed Ali, der von der Chronik wusste, gab aus diesem Grund den Befehl, eine Gegenchronik zu verfassen, die sich durch große Lobhudeleien auszeichnet und den Despoten in den schönsten Farben verherrlicht.

Doch al-Gabarti blieb seinem Grundsatz treu und schrieb über das Geschehen im Lande in gewohnter Unparteilichkeit.

Als sein Sohn am 19. Juni 1822 nach einem Besuch bei Mohammed Ali ermordet wurde und man die Leiche, von seinem Esel vor die Stadt Kairo fortgeschleppt, auffand, hat al-Gabarti seine Chronik nicht mehr weitergeführt. Der Anschlag sollte eine Warnung sein und nicht folgenlos bleiben.

Der große Scheich, so wird überliefert, »*habe sich blind geweint und alle Schreibarbeiten aufgegeben.*«

Schon zu Beginn der französischen Invasion hatte der weitsichtige Chronist vorausgesehen, dass der Einfall der Franzosen in Ägypten den Beginn einer entscheidenden und unumkehrbaren Wende der politischen Geschicke seines Landes, der gesamten Region und des Islams bedeutete.

Zwar erkannte er, dass es in früheren Zeiten ähnliche Grausamkeiten und Schreckenstaten, Fehlentwicklungen und Entgleisungen gab, doch mit Beginn der Invasion vermochte er eine düstere Zukunft vorauszuahnen.

Für den Sprössling mehrerer aufeinander folgender intellektueller Generationen, muss es deprimierend gewesen sein, machtlos mit anzusehen, wie unabwendbare Ereignisse seine Heimat heimsuchten, die Grausamkeiten und Abscheulichkeiten in noch vorher nicht gekannten Ausmaß auslösten:

»*Das Jahr 1213 (1798). Es war das erste Jahr großen endzeitlichen Gemetzels und schwerwiegenden Wechsels, in dem Ereignisse auf uns niederprasselten, so dass wir erblassten; Vervielfachung alles Schlimmen, Überstürzung aller Dinge; Aufeinanderfolgen von Unglücken, voll von Missgeschicken; Umkehrung alles Natürlichen, Revolution alles Gebührlichen; Abfolge von Scheußlichkeiten, entgegen geregelter Häuslichkeit; der Ordnung Ersterben, Beginn von Verderben; allgemeine Zerstörung, Verwirrung und Empörung; Gott zerstörte durch Tyrannen die Dörfer und den Frieden ihrer Mannen.*«

Al-Gabarti selber hatte das Glück in einer Familie aufgewachsen zu sein, in der die Voraussetzung für eine vorbildliche Ausbildung gegeben war. Seinem Vater, dem großen und reichen Scheich Hasan al-Gabarti, widmete er in seinem Werk eine ausführliche Lebensbeschreibung. Er muss eine außergewöhnliche Persönlichkeit gewesen sein, der sich für Randbereiche jener Wissenschaften interessierte, wie sie die ägyptischen Scheichs normalerweise betrieben: für Mathematik, Naturwissenschaften, Mechanik und Himmelskunde. Den interessierten Umgang mit der Geschichte, die nicht unbedingt zu den zentralen Wissenschaften dieser Epoche gehörte, dürfte al-Gabarti von seinem Vater gelernt oder zumindest als Sohn eines ungewöhnlichen Vaters entwickelt haben.

Am wohlsten fühlte er sich in dem Kairoer Wohnviertel nahe der al-Azhar-Moschee, in dem die angesehensten Lehrmeister, Theologen, Juristen und Wissenschaftler lebten.

Al-Gabarti besaß die Gabe, mit wenigen Worten das Wesentliche präzise und zutreffend zu formulieren und dabei so manche Details, die andere Chronisten womöglich als belanglos vernachlässigt hätten, am richtigen Ort und im richtigen Zusammenhang zu platzieren.

Außerdem muss er über ausgezeichnete Informationsquellen verfügt haben. Seinem gewissenhaften Umgang mit den Informationen von Augenzeugen außerhalb seines Kairoer Wirkungskreises ist es zu verdanken, dass ein weiträumiger Horizont für Erkenntnisse erschlossen wurde, der nun den Blick auf völlig unbekannte historische Ereignisse ermöglicht.

In der Chronik sind es wenige Personen, die im Mittelpunkt des Geschehens agieren, auf deren Rücken letztlich das Napoleonische „Drama" ausgetragen wurde.

Was sagen einem aber schon die Namen von Murad und Ibrahim Bek, Muhammad Kurajjim, oder des Scheichs Umar Efendi, erst recht, wenn man sie in einem Atemzug mit historischen Persönlichkeiten wie Napoleon oder Admiral Nelson erwähnt?

Und doch hat jeder von ihnen ein Stück Weltgeschichte geschrieben, ja sogar deren Verlauf entscheidend beeinflusst.

Zurzeit der Napoleonischen Invasion herrschten die Mameluken in Ägypten. Ihre Herkunft scheint geschichtlich gesichert zu sein. Dennoch muss man, wie wir noch sehen werden, die herabwürdigenden

Klischees über diese Kaste mit Vorsicht genießen. Sie sind das Werk derer, die von ihnen blutig aus der Geschichte herauskatapultiert wurden.

Berühmt wurden die Mameluken unter Salah ad-Din, der mit ihrer Hilfe einst die Kreuzritter aus dem Nahen Osten vertrieben hatte.

Sie waren als Kinder gekaufte Sklaven, die von nordanatolischen und kaukasischen Reitervölkern abstammten und zu Reitersoldaten ausgebildet wurden. Sie galten als außergewöhnlich treu ergeben und konnten sogar die Freiheit und damit alle verbunden Rechte erlangen.

Durch Heirat gelang es diesem Volk, die Macht über die Ayyubiden zu erlangen (der Mameluk Aybak regierte als al Malik al Muizz von 1250 bis 1257 und ist der eigentliche Begründer der Mameluken Herrschaft).

Sie waren auch die einzigen, die den wiederholten Angriffen der Mongolen widerstanden und so wurde das Mameluken Reich in Ägypten das einzige Land im Nahen Osten, das sich gegen die Mongolen behaupten konnte.

Der Mameluken-General Baibars (1260-1277) nutzte den Sieg, um selbst die Macht in Ägypten zu erringen und die gesamte Region zu befrieden. Unter der nach ihm folgenden Bakri Dynastie (1279-1382) wurden Palästina und Syrien erfolgreich gegen die Invasionen der Kreuzfahrer und Mongolen (1303) verteidigt.

Nicht militärische Angriffe, sondern volkswirtschaftliche Probleme und Epidemien stürzten Ägypten in der Folgezeit in eine schwere Wirtschaftskrise.

Da sich die Mameluken gegen die Verwendung der ›unehrenhaften‹ Feuerwaffen wehrten, brach das Reich beim Angriff der waffentechnisch überlegenen Osmanen 1517 zusammen.

Damit gerieten Syrien und Ägypten unter die Herrschaft des osmanischen Reiches. Doch trotz der Niederlage konnten die Mameluken ihre Machtstrukturen in Ägypten für lange Zeit erhalten.

Ihr endgültiges Ende kam erst 1811, als der albanische Mohammed Ali die Führungsschicht der Mameluken in der Zitadelle von Kairo niedermetzeln ließ und somit endgültig das Ende ihrer Herrschaft in Ägypten besiegelte.

Al-Gabarti hat dieses Ereignis in seiner Chronik detailliert festgehalten. Der Albaner Ali lockte die Mameluken mit einer Einladung zu einem großen Fest in die Zitadelle, um sie dort schließlich abzuschlachten:

»Sie verteilten Einladungsbriefe an die höheren Offiziere und Chefs der Tausendschaften sowie die ägyptischen Emire, die Mitglieder der Alfija-Mamelukenfamilie und an andere, die sie alle aufforderten, früh am Morgen in die Zitadelle zu kommen, damit sie alle in ihrem Schmuck und Putz vor dem Festzug einherschritten. (…) und sie hatten beschlossen, die Ägypter zu verraten und zu ermorden. Am Morgen weihte er Ibrahim, den Oberagha der Pforte, in das Geheimnis ein. Als der Umzug geordnet war und die Einheiten der dalat [Kurdische Regimenter] vorbeigezogen waren sowie jene, die ihnen folgten (…) und sie das Bab [Tor] al-Azab hinter sich gelassen hatten, befahl Salih Qug, das Tor zu schließen, und offenbarte den Plan seinen Truppen. Sie machten kehrt und begannen auf die Ägypter zu schießen, (…) Als sie sahen, was ihnen geschehen war und dass sie in ihrer Hand waren, gerieten sie in Unordnung und Verwirrung; viele von ihnen fielen. Sie sprangen von ihren Pferden und scharten sich um Sahin Bek, Sulaiman Bek den Türhüter und andere, die zu ihren Mameluken gehörten, und wollten nach oben hin umkehren, während die Kugeln von allen Seiten auf sie niederprasselten. Sie streiften die Pelze und schweren Prachtkleider, die sie trugen ab, und drangen mit blanken Säbeln vor, bis sie den mittleren Platz erreichten, der der Säulenhalle gegenüber liegt. Die meisten von ihnen waren schon gefallen. Dort wurde auch Sahin Bek getroffen und fiel zur Erde. Sie schlugen ihm den Kopf ab und eilten damit zum Pascha, um dafür ein Bakschisch zu erhalten. Sulaiman Bek der Torhüter floh um sein Leben und kletterte an der Mauer des großen Turmes empor, doch sie verfolgten ihn mit Schüssen, bis er fiel und man auch seinen Kopf abschnitt. (…) Die Soldaten machten sich

daran, den Ägyptern den Gnadenstoß zu versetzen und ihnen die Kleider, die sie trugen, vom Leibe zu reißen; sie verschonten nicht einen. Ihr heimlicher Hass wurde offenbar. Sie erschlugen sie und auch jene Bürgerssöhne, die sie begleitet hatten (...) Sie schrien und baten um Hilfe; manche sagten: ›Ich bin kein Soldat und kein Mameluk!‹, andere: ›Ich gehöre nicht zu ihrem Stamm!‹ Doch sie kümmerten sich um kein Geschrei, keine Klagen und Hilferufe. Sie verfolgten die Auseinandergesprengten und Flüchtigen überall in der Zitadelle bis in die entferntesten Winkel, auch jene, die geflohen und in die Häuser und Gebäude eingedrungen waren. Wen sie lebend erwischten (...) beraubten sie ihrer Kleider und warfen sie alle in das Gefängnis (...) Dann holten sie den Henker, damit er sie im Hof des Diwans enthaupte, einen nach dem anderen, vom Beginn des Vormittages an, bis in die Nacht hinein, so dass man Fackellicht brauchte. Der ganze Hof lag voller Leichen. Den berühmten und wohlbekannten Personen, die umgekommen waren und auf der Straße zur Zitadelle lagen, schnitten sie die Köpfe ab und schleppten ihre Überreste zu den anderen Kadavern.«

Die Menschen in der Stadt bekamen wenig davon mit, was sich hinter den Mauern abspielte. Doch die Schüsse und der Lärm reichten aus, um Panik unter der Bevölkerung auszulösen. Als dann die Menschen von der Abschlachtung der edlen und vornehmen Mameluken erfuhren, setzte sich das Drama in der Stadt fort:

»Als aber die Soldaten erfuhren, was geschehen war, nämlich, dass man die Emire ermordet hatte, strömten sie wie Heuschreckenschwärme in die Häuser der ägyptischen Emire und ihrer Nachbarn, um zu plündern und Beute zu suchen. Sie drangen unversehens in sie ein und plünderten sie gründlich. Sie schändeten Konkubinen und Ehefrauen, entblößen Frauen und Mädchen, Herrinnen und Meisterinnen. Sie entrissen ihnen den Schmuck und die Juwelen, die sie trugen, und ihre Gewänder (...) Es gab solche, die die Hand einer Frau packten, um ihr die Armbänder abzustreifen. Doch wenn sie sie ihr nicht in Eile vom Arm ziehen konnten, hackten sie der Frau die Hand ab.«

Eine unvorstellbare und schier endlose Verfolgungsjagd auf Menschen, Massenabschlachtungen, Plünderungen und Enteignungen überzogen das Land auch außerhalb von Kairo.

Für die, die das Glück hatten, die Willkür der französischen Besatzungsmacht und ihrer Handlanger zu überleben, gab es vor den neuen Tyrannen aus Albanien kein Entrinnen mehr. Ihre Gräueltaten waren derart abscheulich, dass al-Gabarti, der viel Schlimmes während der Napoleonischen Zeit erlebt hatte, gestehen muss:

»Diese Ereignisse gehörten zu den schändlichsten Geschehnissen; Ähnliches war früher niemals vorgekommen.«

In meiner Geburtsstadt Alexandria gibt es an einem zentralen Teil der Stadt einen Ahmed Oraby-Platz. Im Zentrum steht eine lebensgroße Bronzestatue, die jenen albanischen Schlächter in stolzer Pose auf seinem Pferd reitend zeigt.

Wie gestört muss wohl das Verhältnis der Ägypter zu ihrer Geschichte sein?

Die Mameluken-Dynastien, die infolge der französischen Expedition von den Albanern so abrupt beendet wurden, waren entgegen ihrem Ruf die nutzbringendsten für diese Region.

Das, was al-Gabarti über seine Landsleute vor dem Eintreffen der Franzosen festgehalten hat, war alles andere als die Beschreibung eines unkundiges Volkes, das im Schatten des osmanischen Reiches verkümmerte und die europäische Epoche der wissenschaftlichen Revolution (1453-1659), das darauf folgende Zeitalter der Aufklärung und den industriellen Umbruch verschlafen haben soll.

Al-Gabarti führte eine ganze Reihe von Gelehrten an, die das ganze Spektrum der Wissenschaften abdeckten, von denen die meisten großen Einfluss und den uneingeschränkten Respekt der Emire, Wesire und Würdenträger genossen.

Und nicht selten reichten ihr Ruhm und ihre Weisheit weit über das Niltal hinaus.

Abbildung 1
Die „Abschlachtung" der Mameluken

Nach der Niederlage der Franzosen riss der Albaner Mohammed Ali die
Macht in Ägypten an sich. Die infolge der napoleonischen Invasion arg
dezimierte Bevölkerung wurde der Willkür des fremden Despoten
ausgesetzt. Um seine Macht zu sichern, rottete er nach einem feigen
Hinterhalt die legitimen Machthaber Ägyptens aus und beendete die
Mameluken-Dynastie. Für den Chronisten al-Gabarti brachen nun
schwere Zeiten an, in denen nur noch eine Wahrheit
galt: die des albanischen Despoten

Ali al-Adawi heißt einer von ihnen, den al-Gabarti nicht ohne Grund als den Scheich der Scheiche bezeichnete. So soll dieser wertvolle Bücher besessen haben, »*die nicht wie die gewöhnlichen Bücher waren*«, und vom türkischen Sultan Mustafa und großen Würdenträgern der Staaten aus Kleinasien und Ägypten und von den Paschas von Tunis und Algier weitere Bücher erhalten haben. »*Darunter waren solche mit Figuren und Bildern von seltener Arbeit und außergewöhnlichem Schmuck.*« Und was dieser al-Adawi bereits im Jahre 1746 vollbracht hat, hätte sich genauso gut in jeder europäischen Metropole der damaligen Zeit abspielen können:

»Er besaß auch alle Art astronomischer Instrumente aus Messingsphären, die Hasan Efendi ar-Ruznamagi hatte herrichten lassen mit Hilfe des Astronomen Ridwan Efendi (…) Als der erwähnte Hasan Efendi starb, kaufte er alle, die jener hinterließ, dazu auch andere Instrumente, um die Höhen und Neigungen zu messen, Beobachtungsringe, Astrolabien, Hohlmaße und Ingenieurinstrumente. Er besaß auch die Werkzeuge der meisten Handwerke, wie der Tischler, der Papierhersteller, Schmiede, Klempner, Buchbinder, Skulpteure und Goldschmiede, sowie auch Geräte zum Zeichnen und Unterteilen. Alle fähigen und erfahrenen Handwerker sammelten sich bei ihm, wie Hasan Efendi der Uhrmacher, der bei ihm wohnte, oder wie Abidin Efendi der Uhrmacher und Ali Efendi al-Iskandarani, Scheich Muhammad al-Aqfali; Ibrahim as-Sakakini und Scheich Mohammad az-Zabadani. Er war einzigartig im Herstellen von Apparaten und Destilliergeräten zum Destillieren von Fetten, Flüssigkeiten und ähnlichem, wie ich es gesehen habe und nie wiedersehen werde. Studenten aus Europa kamen zu ihm, um unter ihm Ingenieurswissenschaften zu studieren. (…) Er erfand auch nützliche und außerordentliche Geräte, die er entwarf; darunter war ein viereckiges Instrument, um die Himmelsrichtungen, den Azimut und die Deklinationen auf einfachste Art und leichtestem Wege zu ermitteln; ferner ein Kreis für Datierungen und ein Zirkel mit Gradeinteilung.«

Die ägyptische Gesellschaft, die al-Gabarti Seite für Seite skizziert, war also lange vor Eintreffen der Franzosen alles andere als rückständig.

Bis zum Untergang der Mameluken waren die Ägypter durch ihr kluges Verhalten faktisch erneut unabhängig von den Osmanen gewesen. Mit Geschick unterwanderten sie zugleich den Einfluss des türkischen Sultans und bestimmten so weitgehend das politische Geschehen im eigenen Lande.

Viele Jahre vor der französischen Invasion zeichneten sich dann die ersten relevanten politischen Abläufe ab, in deren Mittelpunkt die letzten Mameluken-Herrscher Murad und Ibrahim Bek standen, auf die Napoleon in Ägypten treffen wird.

Diese beiden Emire waren unter fragwürdigen Umständen an die Macht gelangt. Im Jahre 1775 führte der regierende Emir Abu Dahab, dessen Name › *Vater des Goldes* ‹ bedeutet, einen erfolgreichen Feldzug gegen Syrien, konnte dabei die beiden strategisch wichtigen Küstenfestungen Jaffa und Akkon einnehmen.

Kurz nach seinem Einzug in Akkon war es dann geschehen:

»*Er wurde von Freude gefüllt; sein Körper wurde sofort von einem Fieber ergriffen, und blieb drei Tage lang fiebrig; dann starb er in der Nacht auf den vierten Tag. (…) Einer, der dabei war, berichtete: ›So verblieben wir drei Tage lang, während er krank war. Die meisten von uns wussten nichts von seiner Krankheit. Nur einige seiner Vertrauten konnten sein Zelt betreten, und sie sagten uns nichts davon; nur am dritten Tag hieß es, dass er sich unwohl befinde. Am Morgen nach der Nacht, in der er gestorben war, blickten wir auf sein Zelt und sahen, dass dessen Gerüst zusammengebrochen war.*«

Nach dem Ableben Abu Dahabs ergriffen die beiden Emire Ibrahim und Murad Bek die Macht in Ägypten.

Kaum drei Jahre nach ihrer Machtergreifung wurde Kairo von einer ungewöhnlichen Welle der Gewalt und Rebellion heimgesucht.

Ohnehin ist das Jahr 1778 -ein Jahr vor der französischen Revolution- nach al-Gabartis Aussagen ein Jahr voller Machenschaften, Machtkämpfe und Bürgerkriege, die die ägyptische Hauptstadt in ihren

Grundfesten erschütterten. Diese Unruhen wurden von der Hohen Pforte, der osmanischen Regierung in Istanbul, im Hintergrund mit dem Ziel gesteuert, die beiden Mameluken-Machthaber zu beseitigen.

Offensichtlich verfolgten die beiden Emire eine Politik, die mit der der Türken nicht im Einklang stand und die den Machteinfluss Istanbuls weitgehend aushebelte. Dabei fällt besonders auf, dass die Türken während dieser politisch folgenschweren Phase niemals direkt in das Geschehen eingriffen, sondern offenbar aus politisch zwingenden Gründen verdeckt im Hintergrund agierten.

Nach einem blutigen Aufstand in Kairo, angezettelt von dem den Türken ergebenen Ismail Bek, geriet das Regime der beiden Emire in arge Bedrängnis und sie mussten zunächst überstürzt aus der Hauptstadt fliehen.

Dann geschah etwas Unerwartetes!

Aus irgendeinem Grund kippte kurze Zeit später die Macht der der osmanischen Regierung nahestehenden Putschisten, die allerdings zunächst noch erbitterten Widerstand leisteten. Die beiden Emire mussten nun Kairo Straße für Straße zurückerobern:

»Bei Murad Bek sammelten sich seine Altersgenossen und sein Stamm (…) während Ibrahim von der Qubbat al-Azab ausritt, auf die Zitadelle hinaufstieg, die Tore besetzte und mit den Kanonen das Haus des Hasan Bek al-Giddawi beschoss. So kam es zum Kampf zwischen den beiden Parteien; er dauerte den ganzen Samstag hindurch. Die Märkte und die Läden wurden geschlossen. Man verbrachte auch die Nacht auf Sonntag und den Sonntag selbst in gleicher Weise. Beide Seiten beschossen einander in den Gassen und Quartieren mit Gewehren und Kanonen. Die beiden Parteien rückten manchmal gegen den Gegner vor und zogen sich dann wieder zurück; sie suchten in die Häuser der Gegenseite einzubrechen. Die Häuser, die auf ihren Kampfplätzen lagen, erlitten Schaden durch Plünderung, Brand und Kämpfe.«

Von nun an gelang es den beiden Mameluken-Emiren, ihre Macht in Kairo zu festigen.

Der Dritte Akteur Muhammad Kurajjim, war zurzeit der französischen Invasion der Stadthalter von Alexandria. Er blickte bereits auf eine beispiellose und rasante Laufbahn zurück. Seine Bilderbuchkarriere hatte in einem kleinen Laden in Alexandria begonnen, wo er als Waagemeister tätig war. Doch schnell gelang es ihm, die richtigen Kontakte zu knüpfen, um rasch Macht und Einfluss zu erlangen:

»Stets näherte er sich den Leuten durch seine angenehme Gesellschaft und gewann die Zuneigung der Gefolgsleute des Staates und anderer: der muslimischen und der christlichen Händler sowie der Leute seines Geschlechtes, der Aliden, die Rang und Ansehen besaßen, bis er bei allen beliebt und überall bekannt war, im Hafen von Alexandria ebenso wie in dem von Rasid (Rosette) oder Kairo. Er gewann Zutritt bei Salih Bek und wurde schließlich Verwalter der Dar as-Saada, während er gleichzeitig ein entscheidendes Wort in Rasid und auf den umliegenden Gütern und Ländereien zu sprechen hatte. Der Bek unterwarf sich ihre Bewohner und vertraute ihre Angelegenheit dem Utman Hoga an, indem er ihm und seinem Diener, dem erwähnten Sajjid Muhammad, die gleichen Aufsichtsrechte über sie zusprach. Dieser trat, nach Salih Agha, in Verbindung zu Murad Bek und näherte sich diesem an, bis er von ihm erlangte, was er begehrte: er erhob ihn über Seinesgleichen und vertraute ihm die Aufsicht über die Diwane und die Zölle der Häfen an. Sein Gebot und seine Befehle waren nun entscheidend, und er stand fast allen Geschäften vor.«

Der Letzte im Bunde, Scheich Umar Efendi, war der Vorsteher der Scherifen und gehörte somit zu den absoluten islamischen Autoritäten im Land. Sein Wort und Urteil über weltliche Angelegenheiten waren für alle **Moslems** im Land bindend.

Scherif bedeutet auf Arabisch Edler und ist der religiöse Ehrentitel der Nachkommen des Propheten Mohammed, die von ihm über seinen ältesten Enkel Hassan abstammen.

Seit dem 14. Jahrhundert wurde die scherifische Abstammung durch einen grünen Turban deutlich gemacht.

Ohne es zu ahnen hatte dieser Hohe Scheich mit einer einzigen Handlung den Verlauf der napoleonischen Expedition in eine völlig andere Bahn gelenkt, letztendlich zum Scheitern gebracht.

Erst wenn die verschiedenen Aussagen al-Gabartis aus heutiger Sicht und Erkenntnis interpretiert worden sind, wird am Ende ein Gesamtbild entstehen, das die Rollen dieser Menschen in Bezug auf die Geschichte ins richtige Licht rückt.

Und erst dann werden wir letztlich die Bedeutung des ägyptischen Chronisten und seine große Tat für die Geschichtsschreibung nachvollziehen können.

Einige Jahre bevor die beiden Mameluken Emire Ibrahim und Murad Bek die Macht an sich rissen, erblickte ein Kind namens Napoleone Buonaparte das Licht der Welt auf der schönen Insel Korsika.

Noch konnte niemand auch im Ansatz ahnen, welche turbulenten wie skurrilen Kapiteln die Geschichte für ihn auf dem geschichtsträchtigen Boden Ägyptens bestimmt hatte.

2. Kapitel
Ä g y p t e n
Das offene Geheimnis

Toulon, den 19. Mai 1798.

Morgens um sieben erteilte Napoleon von seinem Quartier auf dem Flaggschiff L'Orient aus den Befehl, die Anker zu lichten.

Die größte Armada, die Frankreich je aufgeboten hatte, begann sich behäbig in dem sich allmählich auflösenden Nebel auf dem Wasser zu gleiten, auf den Weg zu einer der umstrittensten Expeditionen der modernen Geschichte.

Die umfangreichen Vorbereitungen für die Expedition, im Wesentlichen von Napoleons Stabschef Louis Berthier organisiert, waren verteilt auf Toulon, Marseille, Genua, Korsika und den römischen Hafen von Civitavecchia.

Toulon fungierte dabei als Heimathafen für die Kriegsflotte, die das Übersetzen des französischen Heeres über das Mittelmeer begleiten sollte. 280 Handelsschiffe beförderten 28.200 Mann Infanterie, Ingenieure und Kanoniere sowie 2.800 Mann Kavallerie, 1.230 Pferde und 60 Feld- und 40 Belagerungsgeschütze des französischen Expeditionsheers.

13 Linienschiffe, vier Fregatten und einige Kanonenboote unter dem Oberbefehl von Vizeadmiral François Paul Brueys D'Aigalliers begleiteten diese Flotte.

Am Bord waren zudem 150 Wissenschaftler und Forscher der verschiedenen Disziplinen.

Aus Angst vor englischen Spionen soll Napoleon das Ziel der Expedition geheim gehalten haben.

Am 21. Mai schloss sich von Genua aus eine Flotte mit 72 Schiffen an. Am 28. Mai stießen von Korsika her 22 Schiffe hinzu und am 30. Mai weitere 56 Schiffe, die von Civitavecchia aus gestartet waren.

Damit war das französische Expeditionsheer komplett und nahm Kurs in Richtung Sizilien.

Das Geheimziel der Franzosen: die ägyptischen Gewässer.

Als Napoleon den Hafen von Toulon verließ, blickte er bereits trotz seiner noch sehr jungen Karriere auf einen militärischen Ruhm zurück, den er in wenigen Monaten auf den europäischen Schlachtfeldern auf spektakuläre Weise erworben hatte.

Der junge General wurde am 15. August 1769 in der korsischen Hafenstadt Ajaccio als viertes von zwölf Kindern geboren. Sein Vater Carlo stammte aus italienischem Adel und war von Beruf Rechtsanwalt. Seine Mutter Letizia war ebenfalls adliger Abstammung.

Die Familie Bonaparte, italienisch Buonaparte, dürfte zu den angesehensten und einflussreichsten Familien Korsikas gehört haben.

Dank eines königlichen Stipendiums durfte der Knabe im Alter von neun Jahren die angesehene Militärschule von Brienne-le-Château besuchen, wo die Kadetten aus den vornehmsten Familien Frankreichs ausgebildet wurden.

Dort wurde der kleine Korse angeblich als Franzose zweiter Klasse angesehen. 1784 setzte der 15-jährige Bonaparte seine Ausbildung an der renommierten Ecoles Militaires in Paris fort. Neben seinen militärischen Pflichtfächern studierte er die Biografien großer antiker Feldherren. Er verfolgte offensichtlich das Ziel das Geheimnis der militärischen Erfolge von Alexander dem Großen und Hannibal sowie ihrer darauf begründeten Macht zu entschlüsseln. Schließlich trat er als Leutnant in die Artillerie ein.

Im Zuge der Revolution avancierte er 1791 zum Oberstleutnant der Korsischen Nationalgarde. Nach der Unabhängigkeitserklärung Korsikas 1793 brach der französisch erzogene Napoleon mit der Separatistenbewegung und übersiedelte mit seiner Familie auf das französische Festland. Dort wurde er im Hauptmannsrang der Belagerungsarmee vor Toulon zugeteilt, die mit Unterstützung der englischen Flotte gegen die Republik geputscht hatte. Durch einen listigen

Plan des jungen Offiziers glückte die Rückeroberung des Marine-stützpunktes. Dieser Coup brachte ihm im Alter von nur 24 Jahren die Beförderung zum Brigadegeneral ein und bildete den Auftakt zu einer beispiellosen militärischen Karriere.

Zwei Jahre später bewährte er sich bei der Aufgabe, die Nationalver-sammlung vor aufgebrachten königstreuen Massen zu schützen.

Als Anerkennung wurde er mit dem Oberkommando über die fran-zösische Armee in Italien betraut.

In einem 20 Monate währenden Feldzug präsentierte sich Napoleon einem staunenden Europa als militärisches Genie.

Dabei stand er in Italien zunächst vor einer schier unlösbaren Auf-gabe. Die Italienarmee bestand fast ausschließlich aus einem Haufen zerlumpter, unterernährter und schlecht ausgerüsteter Soldaten. Und dementsprechend miserabel war auch die Kampfmoral.

Ihre Aufgabe bestand darin, die weit stärkeren Truppen Österreichs und seiner italienischen Verbündeten aus Oberitalien zu vertreiben. Doch sie führten bis dahin nichts als sinnlose Schlachten.

Offensichtlich nutzte Napoleon den italienischen Feldzug, um seine eigene Theorie in der Schlacht zu erproben, und revolutionierte dabei gleichsam die Kriegskunst.

Bisher waren die Armeen auf dem Schlachtfeld in genau vorgeschrie-bener Ordnung in Stellung gegangen und hatten dann verlustreich das Feuer aufeinander eröffnet.

Napoleons neue Strategie dagegen beruhte auf dem Prinzip der Be-wegung. Dabei zielte seine Taktik in der Schlacht darauf ab, die feind-lichen Linien durch einen von mehreren Seiten mit großer Wucht ge-führte Angriff auseinander zu reißen, um dann den einzelnen, ver-sprengten Einheiten des Gegners nacheinander nachzustellen.

Er zerstückelte sozusagen große, überlegene Armeen in kleine, mili-tärisch leicht überschaubare Gruppen. Auf diese Weise verwandelten die Franzosen in Italien eine drohende Niederlage in einen grandio-sen Sieg.

Von nun an eilte Napoleon vor jeder Schlacht der Nimbus des Unbesiegbaren voraus. Und bald begannen sich die Legenden um den jungen, charismatischen Korsen zu ranken, den Goethe einst in den höchsten Tönen gepriesen hatte:

»Sein Leben war das Schreiten eines Halbgottes von Schlacht zu Schlacht und von Sieg zu Sieg.«

Am Ende wird der Siegeszug Napoleons in Italien mit der Schließung des Friedensvertrages von Campo Formio am 18. Oktober 1797 mit Österreich gekrönt.
Dieser Vertrag zwingt Österreich zum Verzicht auf seine belgischen Besitzungen und auf alle seine Enklaven westlich des Rheins und zur Anerkennung einer Cisalpinischen Republik von Frankreichs Gnaden in Oberitalien.
Als der italienische Feldzug beendet war, hatte Napoleon eine Reihe von beeindruckenden Triumphen erfochten, die sämtliche Siege französischer Truppen in Italien im Laufe der letzten 300 Jahre in den Schatten stellten.
Mit einer Armee, deren Höchststärke nie mehr als 44.000 Mann betrug, hatte er Streitkräfte geschlagen, die insgesamt viermal so stark gewesen waren. Er hatte zwölf große Schlachten gewonnen, 43.000 Österreicher getötet, verwundet oder gefangen genommen und 170 Fahnen sowie 1.100 Kanonen erbeutet.

Die militärischen Aktivitäten Napoleons standen in unmittelbarem Zusammenhang mit der Französischen Revolution, deren Ausbruch im Jahre 1789 zur Verschärfung die bis dahin ohnehin instabile politische Lage in Europa geführt hatte.
Nach der Hinrichtung König Ludwigs XVI. im Jahre 1793 hatten fast alle Monarchien Europas, darunter Großbritannien, Spanien, Portugal und die meisten deutschen und italienischen Staaten, Frankreich den Krieg erklärt.

1795 wurden die Niederlande von der französischen Armee besetzt. Preußen und Spanien schlossen im selben Jahr einen Friedensvertrag mit Frankreich. Unter französischem Druck erklärte Spanien im August 1796 Großbritannien den Krieg.

Der abgeschlossene Friedensvertrag im Jahre 1797 von Campo Formio mit Österreich bedeutete dann für das seit fünf Jahren von Krieg geplagte Europa zunächst eine, wenn auch trügerische Verschnaufpause, die Napoleon nunmehr auszunutzen gedachte, um den eigentlichen Kern seiner Politik zu verwirklichen.

Von allen europäischen Mächten stand nämlich nur noch England im Kriegszustand mit den Franzosen.

Doch im Gegensatz zu den anderen europäischen Mächten auf dem Festland gehorchte der Krieg mit England völlig anderen Gesetzen. Anders als zurzeit Ludwig XIV. gab es nämlich für beide unversöhnlichen Gegner weder die Abwägungsmöglichkeit zwischen Krieg und Frieden, noch Ausgleich oder Stillstand, sondern nur den Untergang des einen oder des anderen.

Diese Jahrhunderte alte Feindschaft musste Napoleon Rechnung tragen.

Denn unabhängig davon, was er nun zu unternehmen beabsichtigte und welche politischen Ziele er vor Augen hatte, stets lauerte unermüdlich das englische Gespenst mit der englischen Marine im Hintergrund und stellte für den Franzosen ein unkalkulierbares Risiko dar, das stets der Verwirklichung seines Machthungers und seiner Weltherrschafts-träume hemmend entgegenstand.

Aus dieser politisch verfahrenen Situation heraus wurde zwangläufig der Kampf gegen England in den Vordergrund gestellt.

Bevor Napoleon sich nun seinem großen Problem England zuwandte, unterzeichnete er am 1. Dezember 1797 in Rastatt mit den österreichischen Delegierten ein Geheimabkommen über die Modalitäten des Abzuges der Reichstruppen aus Mainz und der französischen Truppen aus dem Gebiet von Venedig. Somit blieben für

Frankreich im Grunde nur noch zwei große außenpolitische Probleme zu lösen, nämlich der Krieg gegen England und die endgültige Regelung der Rheinfrage.

Und genau um diese beiden Punkte ging es, als das Direktorium am 26. und 27. Oktober 1797 Napoleon damit beauftragte, sich deren Regelung anzunehmen.

Von diesen beiden Möglichkeiten fiel die Wahl auf England.

Als er am 5. Dezember 1797 wieder in Paris ankam, bereiteten ihm die Massen einen triumphalen Empfang wie noch keinem General zuvor, und kurz darauf wurde er zum Oberbefehlshaber der ›*Armee gegen England*‹ ernannt.

Der französische Triumph auf italienischem Boden sollte seine würdige Krönung auf den britischen Inseln erfahren.

Von nun an konnte sich der junge General den Kampf gegen England mit ganzer Kraft widmen, dabei auf kampferprobten Militäreinheiten zurückgreifen, denen auf dem europäischen Kontinent keine Macht die Stirn hätte bieten können.

Napoleons einziges Handikap: Der Ärmelkanal!

In den vorausgegangenen Jahren hatten die Engländer die Flotten der französischen Verbündeten, Spanien und Holland, vernichtet und seitdem die Meere uneingeschränkt beherrscht.

Um die Meeresenge zu überwinden, mussten erst Mittel und Wege gefunden werden, um bei der Übersetzung der Truppen und Kriegsmaterial die Bedrohung durch die englische Marine abzuwehren.

Im Februar 1798 reiste Napoleon in das nordwestliche Frankreich und inspizierte bei stürmischem Wetter die Truppen und Schiffe in den Kanalhäfen. Zwei Monate zuvor war es General Lazare Hoche mit 15.000 Mann nicht gelungen, eine Expeditionsarmee in Irland zu landen.

Vom 8. bis 20. Februar war Napoleon intensiv damit befasst, die Front an der Küste des Ärmelkanals zu inspizieren und Pläne für die Invsionsarmee zu schmieden, während französische Pioniere an diversen

Projekten tüftelten, mit denen Kriegsausrüstung und Armeen über den Kanal übergesetzt werden sollten.

Zugleich begann sich eine gewaltige Streitmacht an der französischen Küste zu formieren.

Für die geplante Landung an der englischen Küste von Essex wurde eine riesige Armee zusammengezogen, die nun unter dem erfolgsverwöhnten Napoleon das zu Ende bringen sollte, was Hoche wenige Monate zuvor misslang.

Und diesmal standen die Zeichen für eine erfolgreiche Invasion unter einem solch günstigen und strahlenden Stern wie noch nie: dem Napoleonischen!

Der gespenstische und scheinbar unbesiegbare Napoleon, der die Soldaten begeistern und mitreißen konnte, stand nun in seiner berühmten Pose an der französischen Küste und avisierte geringschätzig die jenseits des Kanals befindlichen Inseln.

Die Engländer ihrerseits begannen förmlich seinen bedrohlichen Atem im Nacken zu spüren und hautnah mit anzusehen, wie die geballte französische Macht an der Legende von der Uneinnehmbarkeit der Inseln gehörig zu nagen begann!

Dennoch nahm das Ganze einen völlig unerwarteten Verlauf!

Angeblich soll Napoleon nach der Kontrolle der militärischen Lage am Ärmelkanal viele Defizite bei der Flotte festgestellt haben.

Deshalb wurde die bereits in ganggesetzte Invasionsmaschinerie kurzer Hand abgebrochen, da nach seiner Einschätzung das Vorhaben „zu gewagt" sei.

Seinem Sekretär Bourrienne soll er anvertraut haben: „*Ich möchte nicht la belle* France *die Würfel anvertrauen.*"

Diese beharrlich wiederholten Aussagen, die Napoleon wohl in den Mund gelegt wurden, können allerdings nicht darüber hinwegtäuschen, dass er dennoch in krassen Widerspruch dazu handeln wird.

Seine angeblich bissigen Zitate und herabwürdigende Kritik über die französische Marine zum Trotz, hinderte ihn in keiner Weise daran, nur vier Monate später blind dieselbe Marine den Schutz seines eigenen Leben, ein Heer der talentierten Wissenschaftler des Landes, und seine besten Armeeeinheiten durch das Mittelmeer anzuvertrauen, wo eben gerade die englische Gefahr wie die Spinne im Netz überall lauern soll.

Warum er dies dennoch tat, blieb ungeachtet vieler – halbherziger – Erklärungsversuche stets ein ungelöstes Rätsel.

Abbildung 2
Napoleon am Ärmelkanal

Nach den unerwarteten militärischen Siegen in Italien wurde der Triumphator Napoleon Ende 1797 zum Oberkommandierenden General der England-Armee ernannt. Entlang der französischen Küste wurden Armeeeinheiten zusammengezogen, während französische Pioniere, die fähigsten ihrer Zeit, an Eirichtungen tüftelten, mit denen Armee und Kriegsmaterial über den Ärmelkanal gelangen konnten. Zwischen dem 8. und 20. Februar 1798 begab sich der General dort auf eine Inspektionsreise. Die Engländer spürten bereits Napoleons bedrohlichen Atem. Doch schon am 19. Mai 1798 befand sich Napoleon in Toulon auf dem Seeweg nach Ägypten!

Was dann auf den Wogen des Mittelmeers geschah, regte die Fantasie der nachfolgenden Generationen an und bildete die Grundlage für unzählige Berichte, in deren Mittelpunkt stets der englische Admiral Nelson als der unerschrockene Held der Meere steht, der, der Verzweiflung nahe, die französische Armada suchte und ihr nachjagte. Und es sind offensichtlich die Franzosen, die wie flüchtende Diebe in der Dunkelheit der englischen Bedrohung zu entkommen suchten.

War es aber tatsächlich so?

Die Antwort und somit die Suche nach dem Pfad der historischen Wahrheit wird wohl auf dem europäischen Kontinent nicht zu finden sein, dort also, wo die Geschichten um Nelson gesponnen wurden.

Vielmehr dürften die Antworten eher dort zu finden sein, in dem Land, welches die französische Armada entgegensteuerte.

Somit kehren wir zu der Chronik von al-Gabarti zurück.

Über die Verfolgungsjagd hat al-Gabarti eine eigentümliche Aussage gemacht:

> *„Tatsache war jedoch, dass die Engländer den Franzosen nach Alexandria gefolgt waren."*

Das arabische Wort für gefolgt bedeutet eindeutig, denselben Weg gehen, nachkommen und nicht nachjagen oder gar suchen.

Diese Aussage würde dann letztendlich bedeuten, dass die englische Marine lediglich in derselben Richtung wie die Franzosen segelte.

Aber welchen militärischen Sinn könnte hinter das passive Verhalten stecken, zumal behauptet wird, dass Admiral Nelson nur eines im Sinn hatte, nämlich die französische Flotte zu suchen, um es zu vernichten?

Die ersten dienlichen Hinweise liefert ein ominöser Vorfall.

Am 22. Juni 1798 ereignete sich nämlich auf hoher See ein eigenartiger Vorfall, welcher in den Logbüchern der britischen Flotte festgehalten wurde, an dem Admiral Nelson selbst der Hauptakteur war.

Militärhistoriker hatten nach Auswertung bestimmte Daten die Meinung vertreten, dass die britischen Flotte an diesem 22. Juni nur noch einen Abstand von 30 Seemeilen zur französischen Flotte hatte und unahnend an ihr in der folgenden Nacht vorbeisegelte.

Doch die Annahmen der Militärhistoriker von den unahnend vorbeisegelnden Nelson wird selber von der englischen Marine widersprochen.

Denn *„in den Logbüchern der britischen Flotte ist festgehalten, dass am Horizont die Masten von vier Schiffen gesichtet wurden, die der Beobachtungsposten der HMS Leander wenig später als vier Fregatten identifizierte. Von der HMS Orion wurde dies wenig später bestätigt. Obwohl einige der britischen Kommandeure die entdeckten vier Fregatten als eindeutiges Anzeichen einer in der Nähe segelnden großen Armada deuteten, gab Nelson die Anweisung, diese nicht weiter zu verfolgen, sondern mit größtmöglicher Geschwindigkeit weiter in Richtung Alexandria zu segeln. Diese Entscheidung Nelsons, die auf Unverständnis bei seinen Kommandeuren traf, ist aus heutiger Sicht schwer nachvollziehbar."*

Warum Admiral Nelson in aller Hektik die Ansteuerung der alexandrinischen Küste befahl, darauf hat al-Gabarti eine Antwort.

Es ist Freitag der 22. Juni 1798.

An diesem Sommertag wehte eine kühle Nordwindbrise und die schwachen Wellen des Meeres klatschten immer sanfter an die Küste des östlichen Hafenbeckens, bis sie schließlich am späten Vormittag ausklangen.

Doch die mediterrane Idylle an diesem verschlafenen und inzwischen geschichtlich in Vergessenheit geratenen Ort war an jenem Tag trügerisch.

Kurz nach Mittag ereignete sich nämlich ein Vorfall, der zunächst als abgeschlossen schien.

Die Meldung über diesen Vorfall trifft zwei Tage später in Kairo ein:

»Am Sonntag, dem 10. Muharram jenes Jahres (24. Juni 1798) kamen Briefe an, die Läufer aus der Hafenstadt Alexandria überbrachten. Darin hieß es: Am Freitag, den 8. Muharram (22. Juni), seien zehn englische Schiffe vor der Hafenstadt angelangt und hätten in einiger Distanz angehalten, so dass die Bewohner der Stadt sie sehen konnten. Etwas später seien 15 weitere Schiffe dazu gekommen, und die Leute in der Stadt hätten abgewartet, um zu sehen, was sie begehrten. Ein kleines Boot sei von ihnen gekommen, das zehn Personen enthielt; sie seien an Land gestiegen und hätten sich mit den Notabeln der Stadt getroffen, besonders mit ihrem damaligen Befehlshaber Sajjid Muhammad Kurajjim (…) Sie besprachen sich mit ihnen und fragten sie über ihre Absichten. Die Fremden erzählten ihnen, sie seien Engländer, die gekommen seien, um nach den Franzosen zu forschen, denn jene seien mit einer großen Flotte ausgefahren, die irgendwohin ziele, ›doch wir wissen nicht, welches ihr Ziel ist. Es ist möglich, dass sie euch überfallen. Dann könnt ihr euch nicht verteidigen und sie abwehren‹. Doch Sajjid Muhammed Kurajjim wollte diese Reden von ihnen nicht annehmen. Er wies sie zurück und dachte, es müsse sich um eine Kriegslist handeln. Deshalb antwortete man ihnen mit harten Worten. Die Boten der Engländer sagten: ›Wir wollen mit unseren Schiffen im Meer liegen bleiben, um eure Festungswerke und Städte zu bewachen; wir brauchen von euch nur Wasser und Proviant, den wir gebührend bezahlen werden.‹ Doch sie wiesen das ab und sagten: ›Dies Land gehört dem Sultan, und die Franzosen können nicht in es eindringen, sowenig wie sonst jemand. Deshalb geht fort von hier!‹ Daraufhin kehrten die Boten der Engländer um und fuhren übers Meer davon, um sich irgendwo anders Proviant zu verschaffen, nicht in Alexandria – und damit Gott eine Tat geschehen lasse, die geschehen musste.«

Der Stadthalter Kurajjim war allerdings der falsche Ansprechpartner. Eine solche umfangreiche Landeerlaubnis einer ausländischen Macht tangierte die nationale Sicherheit des Landes, konnte demnach zu den damaligen Machtverhältnissen nur von dem türkischen Sultan in Istanbul getroffen werden.

Weder Kurajjim noch die beiden Emire Murad und Ibrahim Bek besaßen die politische Legitimation, derartige brisante Entscheidungen eigenmächtig zu treffen.

Aber hätte die englische Krone, in dessen Vertretung die eigene Marine operierte, diesen simplen Fakt nicht kennen müssen?

Doch Hardys Aussagen waren in sich widersprüchlich.

Erst behauptete er, das Ziel der Franzosen nicht zu kennen, um doch anschließend ausgerechnet die Verteidigung der Stadt anzubieten!

Die Feindseligkeit der Stadthalter hatte der Engländer offensichtlich nicht erwartet, brachte ihn völlig aus dem Konzept.

Aber mit welcher Absicht wurde Hardy ans Ufer geschickt?

Über diese Begegnung wurde aus europäischer Sicht auch berichtet.

Erst dann, wenn wir die europäische Version als Ergänzung zu der Ägyptischen in Betracht ziehen, wird der wirkliche Sinn hinter dieser ominösen Begegnung erkennbar.

„Am 28. Juni erreichte die britische Flotte den Hafen von Alexandria, ohne dort die französische Flotte zu finden. Thomas Hardy legte mit der HMS Mutine im Hafen an, um Kontakt mit dem britischen Konsul aufzunehmen. Dieser hatte Alexandria jedoch verlassen. Thomas Hardy traf aber mit dem Kommandanten der osmanischen Festung zusammen, der ihm erklärte, dass er bisher keine französische Flotte gesehen habe und dass sich Frankreich nicht im Krieg mit dem Osmanischen Reich befinde. Entsprechend dem damaligen Gewohnheitsrecht gestattete der Kommandeur der britischen Flotte, sich mit Trinkwasser zu versorgen. Er forderte sie jedoch auch auf, den Hafen binnen 24 Stunden wieder zu verlassen."

Und genau hier in dieser Aussage liegt einzig und allein der Grund, warum Admiral Nelson ungeachtet der gesichteten französischen Flotte den alexandrinischen Hafen mit voller Geschwindigkeit erreichen wollte: Er hatte ein Rendez-Vous mit dem britischen Konsul.

Welchen Zweck diese Begegnung hatte, ging aus al-Gabartis Aussagen hervor: *›Wir wollen mit unseren Schiffen im Meer liegen bleiben, um eure Festungswerke und Städte zu bewachen.‹*

Damit wird die wirkliche politische Tragweite des Geschehens sichtbar.

Zu jener Zeit spielten sich auf dem alexandrinischen Boden sonderbare Abläufe ab, von denen sowohl Einheimische als auch Engländer zu berichten wussten.

Wie dies zunächst auch sonderbar erscheinen mag, zu dieser politisch turbulenten Zeit verweilte der Britische Konsul in Alexandria in Erwartung der Ankunft der eigenen Flotte.

Mit anderen Worten, als Napoleon zu See stach, wusste der britische Konsul im fernen Ägypten nicht nur, dass Napoleon Alexandria ansteuerte, sondern hatte bereits mit Admiral Nelson eine feste Verabredung von höchst politischer Brisanz!

Während damals im Allgemeinen galt, dass die Engländer der französischen Armada nachjagten, bereitete der englische Konsul in Ägypten zur selben Zeit diverse Maßnahmen vor, die später im Rahmen eines Zusammentreffens mit Admiral Nelson in Alexandria vor Eintreffen Napoleon abgestimmt und koordiniert werden sollten, mit dem Ziel, der englischen Marine zu erlauben, sich im Hafen von Alexandria in Erwartung der französischen Flotte Stellung zu beziehen.

Und dies erklärt, warum Nelson trotz gesichteter Teile der französischen Armada den Befehl erteilte, mit voller Kraft Richtung Alexandria zu segeln.

Doch das in geheimen Gemächern geplante Rendezvous zwischen Nelson und den britischen Konsul findet nicht statt.

Als die englische Abordnung um Hardy die Küste betrat, werden sie vergebens nach der englischen Delegation um den britischen Konsul Ausschau halten, die ihnen mit Vertreter der Stadtführung offiziell den Weg geebnet hätten, in den Hafen einzulaufen, später ans Land gehen zu dürfen und die entsprechenden militärischen Vorkehrungen zu treffen.

Irgendetwas Unerwartetes hat wohl dazu geführt, dass das seit Monaten geplante Rendezvous zwischen den britischen Konsul und Admiral Nelson nicht zustande kam.

Dies wiederum bedeutet zugleich, dass das, was ursprünglich an militärischen Vorkehrungen in der Hafenstadt von den Engländern zu treffen war, bereits mit den Machthabern in Istanbul abgestimmt und besiegelt war, dass der englische Konsul bereits die Landeerlaubnis besaß.

Demnach paktierten die Türken ins geheim mit den Engländern, wussten längst über die napoleonischen Absichten Bescheid.

Das napoleonische Ziel der Expedition war also ein offenes Geheimnis!

Wie konnte aber der englische Konsul ein solches Treffen von größter politischer Tragweite versäumen, vor allem aber, wie ist die feindselige Haltung des Stadthalter Kurajjim gegenüber dem Engländer zu erklären, wenn man voraussetzt, dass er ein Handlanger der türkischen Machthaber und somit ein Teil des Komplottes gegen Napoleon war?

Die bisherigen Ausführungen münden in einer bemerkenswerten Feststellung.

Wenn der englische Admiral seit Beginn seiner Seemission mit der festen Absicht zur See stach, um einige Tage vor Napoleon in Alexandria anzukommen, damit er dort aus dem Hinterhalt lauernd auf seine Ankunft zu warten, dann belegt dies, dass er zu keiner Zeit die Absicht hatte, den Franzosen auf hoher See nachzujagen, geschweige denn in einen Kampf zu stellen.

Zugleich warten die Eintragungen in den englischen Logbüchern über den Vorfall vom 22. Juni mit einer unerwarteten Schlussfolgerung auf. Dort wird ja ausdrücklich betont, dass die englischen Kommandeure von Nelsons 'Anordnung recht irritiert waren. Keiner konnte nachvollziehen, wieso ausgerechnet jetzt Alexandria ansteuern, statt den gerade zum Greifen nahe segelnden französischen Feind zu verfolgen und im günstigen Moment anzugreifen. Schließlich lag ja hier überhaupt der Sinn, weswegen seit Wochen die Verfolgung auf See erfolgte.

Doch das, was zunächst als schwer verständlich erscheint, hat in Wirklichkeit in seinem inneren Kern Methodik. Denn dies lässt wiederum eine einzige Ableitung zu: Admiral Nelson war von allen an dieser militärischen Operation Beteiligten die einzige Person, die die wahren und geheimen Absichten der Seeoperation kannte.

Alle anderen Akteure, die Tag ein, Tag aus mühselig die Aussichtsmasten bestiegen und verzweifelt am Horizont nach der verfeindeten Armada Ausschau hielten, waren tatsächlich im festen Glauben, dass sie den Franzosen nachjagten.

Damit wird die wahre Rolle des Admirals während er zu See stach verständlich: Er war vielmehr der Garant dafür, dass sich die Wege der beiden verfeindeten Flotten bis Alexandria nicht kreuzten.

Nur er als Oberbefehlshaber konnte dafür sorgen, dass die französische Flotte vor Erreichen der alexandrinischen Gewässer stets ausgewichen und gemieden wird. Und nur er und sonst niemand konnte letztlich den Befehl zum Angreifen erteilen oder verweigern, so wie an jenen bewussten Tag der Sichtung.

Allein diese Tatsache verdeutlicht die außerordentliche und sensible politische Tragweite der englischen Seemission.

Die Jagdszenen auf dem Mittelmeer existieren demnach nur auf dem Papier der Geschichtsbücher, haben mit Historizität nichts zu tun.

Aus dem Hintergrund all dieser geschichtlichen Vorkommnisse, drängt sich unweigerlich ein Verdacht auf: Die Engländer hatten einen geheimen Verbündeten in Paris, der in der Exekutive aktiv das politische Geschehen in Frankreich mitgestaltete, und zudem Napoleons 'Vertrauen genoss.

Um sicher zu stellen, dass sich die Wege der beiden verfeindeten Flotten bis Alexandria nicht kreuzen, muss Nelson bereits über detaillierte Informationen über die Seeroute der Franzosen verfügt haben. Und dies kann nur über einen französischen Informanten erfolgt sein, der mit seinem Verhalten letztlich Hochverrat an der französischen Revolution begangen hat.

3. Kapitel
Al – Agami
Landung auf Umwegen

Im undurchsichtigen Kreislauf der Ägypten-Expedition hat es viele Mitwirkende gegeben, von denen die Geschichte keine Notizen machte.

Im Hintergrund der Ereignisse agierten zwei verschiedene Militärgruppen, von denen al-Gabarti zu berichten wusste: Die maghrebinischen Einheiten auf der Seite der Franzosen und die albanischen Heere auf der Seite der Engländer.

Letzteren wird ein gewöhnliches Naturereignis zum Verhängnis.

Nelsons Plan, Alexandria vor Napoleon zu erreichen, erwies sich wie bereits erwähnt als nutzlos! Als er mit seiner Flotte die ägyptischen Gewässer erreichte, wurde er mit dem Desaster konfrontiert, den ihm Kurajjim bescherte. Dies hielt ihn allerdings nicht von seinem Vorhaben ab. Drei Tage später taucht er erneut spionierend vor der Küste auf.

Doch zum erwarteten Zeitpunkt und weitere Tage danach war weit und breit keine französische Flotte in Sicht.

Schuld daran war die Insel Malta, die kein Engländer eingeplant hatte. Niemand hätte vorherahnen können, dass Napoleon sich dort neun Tage lang aufhalten würde.

Und während Nelson und die Seinigen der Verzweiflung nahe waren, schiffte die französische Armada reichlich beladen mit maltesischen Schätzen entlang der Küste Kretas, wo sie von der äußersten Südostspitze aus den direkten Kurs auf Alexandria nahm.

Doch kehren wir zunächst einmal zurück nach Malta.

Auf der Insel soll Napoleon 2.000 Araber befreit haben, die offensichtlich im Auftrag der Franzosen als vorbereitende Vorhut agiert hatten. Dieses geheimnisvolle moslemische Vorauskommando hatte später wichtige Aufgaben als Stoßtrupp bei der Besetzung Ägyptens zu erfüllen, und dürfte wohl als fester Bestandteil des Unternehmens eingeplant gewesen sein.

Bevor die napoleonische Flotte die ägyptischen Gewässer am 30. Juni erreichte, waren weitere moslemische Verbündete bereits in Alexandria tätig, leisteten für die bevorstehende Invasion wichtige Vorbereitungsarbeiten.

Zur gleichen Zeit verweilte eine Delegation unter der Führung des französischen Konsuls bereits seit Tagen an einem geheimen Ort in der Hafenstadt, erspähten diskret das Geschehen in Alexandria.

Dabei agierten die Franzosen nach einem sorgfältig ausgearbeiteten Plan, der die undurchsichtige Situation in und um Alexandria Rechnung zollte.

Mit List und äußerster Diskretion wurde jener Oberbefehlshaber Muhammad Kurajjim mit einer Handvoll Notabeln der Stadt in eine Falle gelockt, entführt und schließlich gefangen gehalten.

Nur arabisch sprechenden Muslimen konnte es gelingen, den verblendeten Fanatiker Kurajjim in eine solche Falle zu locken.

Keinem Franzosen wäre dies je gelungen.

Kurajjims Entführung muss vor dem 22 Juni erfolgt sein, dem Tag also, an dem diverse Personen als Vertretung der Stadt mit den englischen Gesandten der ›Mutine‹ verhandelt hatte.

Und damit kann das Geheimnis um diese ominöse Begegnung gelüftet werden.

Als der an Land gegangene Thomas Hardy nach dem englischen Konsul fragte, ahnte er nicht, dass vor ihm ein Handlanger der Franzosen stand, der in die Rolle des abgesetzten Stadthalters geschlüpft war. Er muss in diesem Augenblick die Welt nicht verstanden haben, wo er mit dem „ausrollen" des roten Teppichs fest gerechnet hatte, wo der Stadthalter Kurajjim, der gemeinsam mit dem englischen Konsul und seiner Verbündeten feierlich empfangen und den Briten

Zugang zu allen wichtigen Schlüsselpositionen in der Stadt gewährt hätte.

Als die französische Flotte endlich vor Alexandria auftauchte, fand aus Sicherheitserwägungen zunächst keine Landung statt:

»(…) sie hätten im Meer geankert und Gruppen von Leuten an Land gesandt, die nach dem Konsul und einigen Leuten ihres Landes fragten. Als diese zu ihnen gekommen seien, hätten sie sie bei sich zurückbehalten.«

Kurajjim befand sich unter jenen, die die Franzosen bei sich auf dem Schiff behielten.

Geknebelt und an den Händen gefesselt steckte man ihn in eine arabische Tracht. Nur seine ängstlich leuchtenden Augen waren zu sehen. Auf diese Weise war es möglich, ihm und weiteren Personen vor den Augen der schaulustigen Alexandriner unerkannt an Bord der französischen Boote zu entführen.

Doch wozu die ganze Inszenierung; wäre es nicht einfacher gewesen, Kurajjim und die Seinigen gleich an jenem geheimen Ort zu liquidieren, wo der französische Konsul verweilte?

Zu einem späteren Zeitpunkt werden wir eine Antwort darauf finden.

Wohlweislich liefen die Franzosen danach nicht im geschützten Osthafenbecken ein, sondern segelten mehrere Kilometer weiter nach Westen und ankerten vor al Agami.

Ein Indiz dafür also, dass Napoleon von dem französischen Konsul und den weiteren an Bord der L´Orient gegangenen Personen entsprechende Informationen erhielt, insbesondere über die im Osten um die Gegend von Abukir angriffsbereiten albanischen Söldner, deren Hauptquartier in Damiette lag.

Als das letzte französische Schiff hinter dem Horizont verschwand, atmeten die Alexandriner auf.

Die Bedrohung schien gebannt zu sein.

Was dann aber doch geschah, entsprang einer genialen militärischen Meisterleistung:

»Als der Morgen über Alexandria heraufgekommen war, hatten sie sich schon wie Heuschrecken über das ganze Land verteilt.«

Während die alexandrinische Bevölkerung ahnungslos schlief, vollzog sich in Agami die lautlose Invasion.

Im Schutz der Dunkelheit und begleitet von Mondschein landete eine Eliteeinheit an der Küste und sicherte weiträumig die Gegend, ehe die endgültige Landung der Armee erfolgte.

Mit der Landung der Franzosen waren die seit Monaten von den Engländern in engen geheimen Kontakten mit den Türken ausgearbeiteten Verschwörungspläne gegen Napoleon und seine Armee kläglich gescheitert.

Heute ist es müßig sich die Frage zu stellen, ob nicht der Welt – respektive Europa – vieles erspart geblieben wäre, wenn Napoleon und seine Armee bei der Landung dem Kugelhagel der Verschwörer zum Opfer gefallen wären.

Wenn nicht Napoleon, so wäre sicherlich ein anderer Tyrann an seiner Stelle hervorgetreten, der den europäischen Kontinent mit Elend und Zerstörung überzogen hätte.

Im Mondlicht gegen drei Uhr morgens betrat dann Napoleon zum ersten Mal ägyptischen Boden und marschierte auf die Stadt zu.

Die Nachricht von den an Land gegangenen französischen Truppen verbreitete sich in Windeseile.

Dann überschlugen sich die Ereignisse am 1. Juli 1798:

»Die Leute der Stadt zogen zusammen mit den Beduinen, die zu ihnen gestoßen waren, und dem Kasif [Statthalter] von al-Buhaira hinaus, doch sie vermochten sich ihrer nicht zu erwehren und hielten es nicht lange aus, gegen sie zu kämpfen. Der Kasif und die Beduinen, die mit ihm waren, wurden geschlagen. Die Leute der Stadt begannen sich in ihren Häusern und hinter

den Mauern zu verschanzen, während die Franzosen in das Land eindrangen und viele von ihnen sich dort festsetzten. Dies geschah, während die Stadtbewohner sie beschossen, um sich und ihre Angehörigen zu verteidigen; sie kämpften und suchten sich ihrer zu erwehren. Doch als sie dessen nicht mehr mächtig waren und erkannten, dass sie auf jeden Fall eingenommen werden würden, weil sie damals nicht auf den Krieg vorbereitet waren und die Türme des Kriegsgeräts und des Pulvers entbehrten, auch weil die Feinde so viele und ihnen überlegen waren, forderten die Bewohner von Alexandria Frieden und erhielten ihn. Die Franzosen hörten auf, gegen ihre Befestigungen anzustürmen, und ließen sie hinabsteigen.«

Die Verteidiger der Stadt, ein militärisch unbeholfener und zusammengewürfelter Haufen aus Zivilisten und aus der Umgebung von Alexandria herbeigeeilten Bauern und Beduinen hatte nicht den Hauch einer Chance gegen die Invasoren.

Mit einen Verlust von nur 200 Verwundeten und ohne einen einzigen Toten zu beklagen, besetzte Napoleon die zweitgrößte Stadt Ägyptens, gerade rechtzeitig gegen Mittag und »sie riefen Frieden in der Stadt aus und zogen ihre Fahnen über ihr auf.«

Demnach ist mit letzter Sicherheit davon auszugehen, dass sich in Alexandria kein einziger Mameluken Kämpfer aufgehalten hat als Napoleon vor der Küste erschien.

Auch die östlich von Alexandria versammelten albanischen Söldner vermochten nicht in die Kämpfe einzugreifen.

Sie wurden einerseits von der unerwarteten Blitzlandung der Franzosen völlig überrascht, und andererseits waren sie ausschließlich auf einen Überfall aus dem Hinterhalt vorbereitet, aber nicht auf eine direkte militärische Konfrontation mit einer schlagkräftigen Armee.

Alle bisherigen Indizien wären weiterhin ein deutlicher Hinweis darauf, dass Ägypten als Ziel der napoleonischen Expedition in der Tat alles andere war, als ein streng gehütetes Geheimnis.

Die plötzlichen Aktivitäten der englischen Flotte in ägyptischen Hoheitsgewässern zeugen von der entscheidenden Phase eines Plans, mit dem die Pforten der Hölle für Napoleon und die Seinigen weit aufgestoßen werden sollten!

Die bis dahin verschlafene Küstenstadt sollte dabei die Kulisse für eine der kaltblütigsten Hinterhalte der modernen Geschichte bieten: Eine Art frühneuzeitlicher ›Schweinebucht‹.

Die Ägypten-Expedition, der ewige Widerspruch der Geschichte, war in Wahrheit nichts anderes als eine von der englischen Krone hinter den Kulissen eingefädelte Falle, um letztlich die Bedrohung für sich und Europa durch die schlagkräftigste Armee ihrer Zeit abzuwenden.

Auch das, was sich in den ägyptischen Gewässern bis zu dem Angriff auf die französische Flotte in Abukir chronologisch geschah, entlarvt weiterhin die wahren Absichten des englischen Admirals.

Vor der Ankunft Napoleon sichten Augenzeugen in der Hafenstadt am 22. Juni zwei englische Formationen von insgesamt 25 Schiffen. Nach der Abfuhr durch den alexandrinischen Stadthalter verschwinden sie, um doch nach 3 Tagen, also den 25. Juni, kurz vor Ankunft der Franzosen zu erscheinen.

Wer in so kurzen Zeitabständen wiederholt vor Alexandria erscheint, um wieder zu verschwinden, muss irgendwo in der Nähe eine Basis gehabt haben, wo er sich abwartend zurückzieht.

Demnach sind die Engländer ohne jeden Zweifel an der Küste irgendwo östlich von Alexandria präsent, aller Wahrscheinlichkeit nach in der Hafenstadt Damiette.

Von Damiette aus konnten die östlichen Vororte Alexandrias, wie etwa Abukir, rasch erreicht werden. Zudem war Damiette strategisch gut positioniert als Drehscheibe zwischen den wichtigen Festungen Akkon und Jaffa im Osten und Alexandria im Westen.

Nach diesem kurz aufeinander folgenden Erscheinen der Engländer vor der Küste geschieht dann etwas Seltsames.

Am 30. Juni erschien die französische Armada vor der Küste, also genau 5 Tage nach der letzten Sichtung englischer Kriegsschiffe.

Von diesem Tag an stellen wir anhand von Augenzeugenberichten nunmehr etwas Unverständliches fest, das in krassen Widerspruch zur Überlegenheit und Verfolgung steht: Auf einmal wurde kein englisches Schiff mehr vor der Küste gesichtet, noch kehrte Admiral Nelson zurück, um nach dem Rechten im alexandrinischen Hafen zu sehen.

Die englische Flotte verschwand einfach spurlos, lässt sich nicht mehr am Ort des Geschehens blicken.

Von nun an sind es die Franzosen, die das Geschehen in ägyptischen Gewässern ganz allein nach Belieben bestimmen.

Nach weiteren Augenzeugenberichten stoßen sie in wenigen Tagen weit nach Osten bis Damiette vor und werden sogar im Landesinneren bei Damanhur gesichtet.

Unmittelbar danach ankern sie wohlgeordnet in der Bucht von Abukir in einer Reihe und demonstrieren jedem Betrachter unverhohlen ihre militärische Schlagkraft und Größe.

Mehrere Wochen danach lässt sich die englische Flotte weiterhin nicht blicken.

Erst am 24. Juli 1798 macht dann ein französischer Augenzeuge Namens Poußielgue vor der ägyptischen Küste eine recht seltsame Beobachtung:

«Seit 8 Tagen zeigten sich häufig englische Schiffe und Fregatten, welche die Stellung unserer Flotte nachspionierten, so dass diese jeden Augenblick einen Angriff erwartete.»

Poußielgue war Kontrolleur der Ausgaben der Orients Armee und zugleich General Verwalter der Finanzen. Also musste man von so einem pragmatischen Menschen solide Berichterstattung erwarten.

Das heißt, erst gut 25 Tage nach Napoleons Ankunft erwachen die Engländer plötzlich an jenem 24. Juli, lassen sich mit Bedacht von weiten blicken, signalisieren damit ihre Präsenz in der Region, dass sie wohl etwas im Schilde führen wollen.

Acht Tage lang nach der ersten Sichtung war dann die gleiche Vorgehensweise zu beobachten. Aus einer sicheren Entfernung spionieren sie, um dann doch zu verschwinden. Die Geschichte belehrt uns jedoch, dass Admiral Nelson zu der fraglichen Zeit unterwegs war, unverdrossen auf der Suche nach der französischen Flotte, um sie dann endlich erst am 1. August zu sichten und „sofort" anzugreifen. In Wahrheit wusste der Admiral wochenlang vor dem Angriff wo die Flotte der Franzosen ankerte, ließ sie viele Tage vor dem Angriff ausspionieren.

Nach der geglückten Landung setzten sich die Ungereimtheiten weiter fort, die letztlich nahtlos in die Verschwörungstheorie passen.

Eine der ersten Handlungen der Franzosen übernahm Napoleon persönlich:

»*Sie* (die Franzosen) *fragten nach den führenden Würdenträgern von Alexandria, und diese stellten sich vor ihnen ein. Sie zwangen sie, die Waffen einzusammeln und ihnen zu bringen und auch dazu, die Kokarde (gukar) auf ihrer Brust über ihren Kleidern zu tragen. Die Kokarde besteht aus drei Stücken Tuch oder Seide oder ähnlichem Stoff, die rund sind und etwa so groß wie ein Rial, schwarz), rot und weiß. Man legt sie eines über das andere, so dass ein jedes runde Stück kleiner ist als jenes, das unter ihm liegt, und die drei Farben wie Ringe erscheinen, deren einer den andern umfasst.*«

Wenige Tage nach der Einnahme Alexandrias trafen dann weitere Nachrichten in Kairo ein:

»*Als der Mittwoch, der 20. des Monats (Muharram, 4. Juli), anbrach, kamen Briefe aus der Hafenstadt und aus Damiette und Damanhur, die besagten, am Dienstag, dem 18., seien Schiffe und Geschwader der Franzosen angekommen.*«

Damiette liegt ca. 140 km östlich von Alexandria, Damanhur gut 50 km südlich landeinwärts.

Wieso wurden die Franzosen wenige Tage später nach der Einnahme Alexandria an diesen Ortschaften gesichtet?

Dafür gibt es nur eine Erklärung.

Nach dem Einmarsch in Alexandria blieben zunächst mehrere tausend Soldaten dort, um die Hafenstadt abzusichern, während ein weiterer Teil die logistischen Vorkehrungen für den bevorstehenden militärischen Marsch nach Süden traf. Zugleich marschierten weitere Einheiten Richtung Osten, während einige schlagkräftige Kriegsschiffe in dieselbe Richtung segelten.

Diese Franzosen hatten die albanischen Verbände im Visier, die sich immer noch in Damiette aufhielten und von einer Formation der englischen Marine unterstützt wurden. Dort fand zu Land eine Schlacht statt, bei der ein Teil der albanischen Krieger vernichtend geschlagen wurde, während der Rest rechtzeitig in östliche Richtung fliehen konnte.

Zu Wasser fand auch eine Kraftprobe mit der 10 englischen Schiffsformation statt, die ebenso der Schlagkraft der Franzosen nicht standhalten konnte und vernichtend versenkt wurde.

Also hatten die Engländer auch ihren „Abukir".

Dann begingen die Franzosen allerdings einen militärisch verhängnisvollen Fehler.

Trotz ihrer deutlichen Überlegenheit verzichteten sie zunächst darauf, weiter ihren Vormarsch bis Jaffa und Akkon fortzusetzen: das Tor zum Osten.

Nicht im Süden lauerte die wirkliche Gefahr, sondern in den östlichen Küstenbereichen, wo die albanischen Verbände ihre Hochburgen und Ausgangsbasen hatten und der Strom des Nachschubs aus der Türkei ungefährdet floss.

Napoleon und sein Stab vermochten die undurchsichtige militärische Lage nicht zu erkennen und verpassten damit den einzigen möglichen Weg zum Erfolg. Denn nur zu Beginn der Expedition waren die Franzosen militärisch in der Lage, derart großräumige Operationen erfolgreich durchzuführen.

Als Napoleon sich endlich nach fast einem Jahr dazu entschloss, diesen Feldzug zu unternehmen, war seine Flotte bereits vernichtet und seine Soldaten waren dezimiert und ausgelaugt. Nach den Gefechten um Damiette kehrten die französischen Kriegsschiffe bis in die Bucht von Abukir zurück, wo sie mit dem Flaggschiff L'Orient in einer Reihe vor Anker gingen.

Die Platzierung der französischen Armada in der ungeschützten Bucht von Abukir, statt das gesicherte östliche Hafenbecken mit der vorgelagerten Kait Bey Zitadelle vorzuziehen, erscheint im Nachhinein als ein strategisch grober Fehler gewesen zu sein.

Doch hierfür hat es Gründe gegeben, auf die wir später zurückkommen werden.

Wenn allerdings die französische Flotte schlagkräftig genug war, dann erscheint die Frage als unvermeidlich, wie die Engländer den am Ärmelkanal zu der Invasion bereitstehenden Napoleon dazu bewegen konnten, sich überhaupt auf das Abenteuer Ägypten einzulassen und den europäischen Kontinent zu verlassen?

Die Erklärung hierfür liefert ein Sendschreiben, das Napoleon nach der Landung von Alexandria aus an die ägyptische Bevölkerung richtete.

Ein Schreiben, das die Historie auf den Kopf stellt!

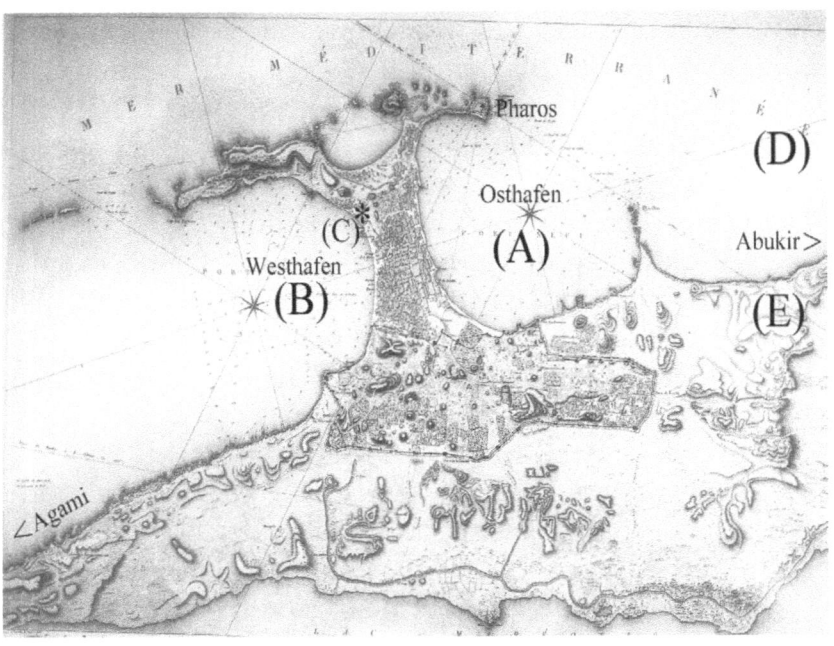

Die Abbildung 3
alexandrinische Schweinebucht

Diese Karte von Alexandria wurde von dem Kartografen der Expedition angefertigt.
(A) Das östliche Hafenbecken, wo die »Schweinebucht« stattfinden sollte.
(B) Die Franzosen landeten entgegen der Erwartung der Verschwörer im Schutz der Dunkelheit in Agami im Westen.
(C) Etwa von dieser Stelle aus in nordöstliche Richtung blickend beobachtete der französische Maler (Abbildung 4) die Motive seines Bildes von der Einnahme Alexandria.
(D) Im östlichen Gewässer um Abukir lauerte der Engländer Nelson mit seiner Flotte.
(E) In der Gegend von Abukir standen albanische Killereinheiten in den Startlöchern, um zum richtigen Zeitpunkt bei der Landung in Abstimmung mit der englischen Flotte in das östliche Hafenbecken über Napoleon und die Seinigen herzufallen.
Dank dem moslemischen Vorstoßtrupp der Franzosen und dem seit Wochen in Alexandria weilenden französischen Konsul wurde der Liquidationsplan durchkreuzt.

Abbildung 4
Landung in Alexandria

Napoleon entkommt der alexandrinischen Schweinebucht im östlichen Hafenbecken (rechts von der Meereszunge, an dessen Spitze sich einst der Leuchtturm Pharo befunden hat).
Die Franzosen segelten nach der Ankunft vor Alexandria nach al Agami und ankerten zunächst dort.
Al-Gabarti schreibt: »*Als der Morgen über Alexandria heraufgekommen war, hatten sie sich schon wie Heuschrecken über das ganze Land verteilt.*«
Beim Einmarsch in Alexandria stießen die Franzosen auf Bürgerwehr bestehend aus Beduinen und Bauern aus der Umgebung von Alexandria.
Es steht außer Zweifel, dass kein einziger Mameluken Krieger unter den Verteidigern war.
Die beiden Emire der Mameluken befanden sich mit ihren Armeen zu diesem Zeitpunkt immer noch in und um Kairo.
Ein Kämpfer des gefürchteten maghrebinischen Stoßtrupps ist im Vordergrund hinter dem hockenden Kamel auf einem Pferd reitend dargestellt.

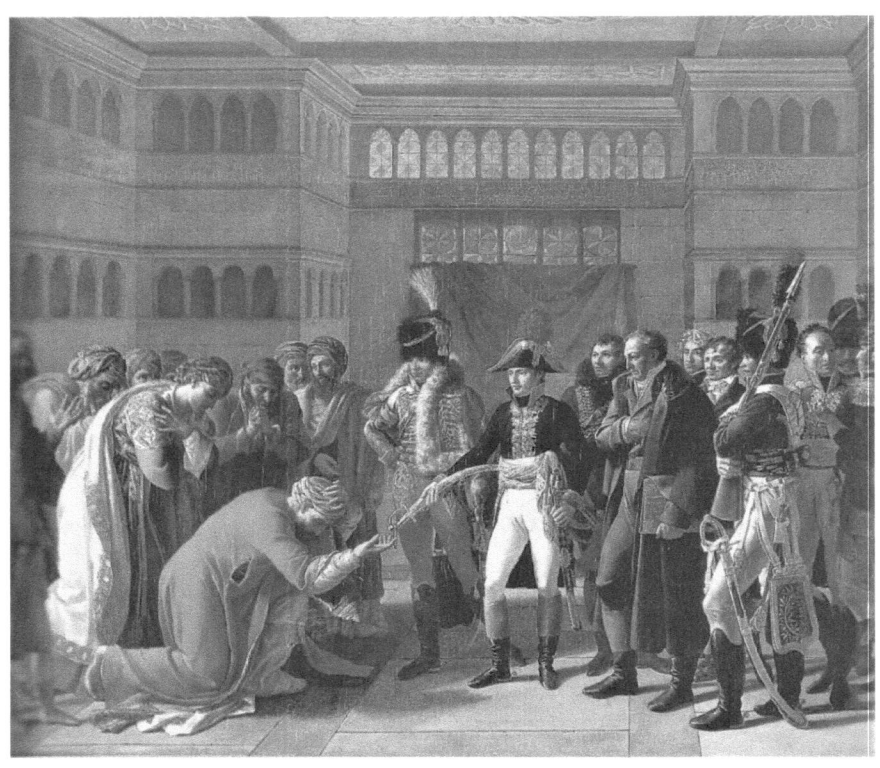

Abbildung 5
Spendabler Napoleon

Nach der Einnahme von Alexandria sucht Napoleon den Kontakt nur zu den führenden Würdenträgern.

Al-Gabarti schreibt: »*Sie fragten nach den führenden Würdenträgern von Alexandria, und diese stellten sich vor ihnen ein.*«

Demnach ist der Kniende einer der großen Würdenträger von Alexandria, dessen Gunst Napoleon mit einem wertvollen Geschenk erschleichen will.

Die Interpretationen des Bildes in der einschlägigen Literatur gehen fälschlicherweise von der Kapitulation des örtlichen Militärs aus. Vor der Landung hatte der moslemische Stoßtrupp der Franzosen bereits den Oberbefehlshaber Mohammed Kurajjim und einige Notabeln der Stadt entführt und später auf einem der französischen Schiffe gefangen gehalten.

4. Kapitel
Alexandria
<u>Napoleons Verordnung</u>

In Ägypten stand Napoleon ein zermürbender Alptraum bevor.

Als er später in der Verbannung auf St. Helena seine Erinnerungen diktierte, staunte er nicht selten über seine eigene Vergangenheit, die ihm offensichtlich einige Rätsel aufgab.

Der einst mächtigste Mann der Welt hatte einfach nie begriffen, wie sein Leben auf dieser kargen Insel inmitten des unruhigen Atlantiks so unrühmlich enden konnte.

Ohne die historische Distanz zu den Ereignissen in Ägypten konnte Napoleon die Zusammenhänge nicht begreifen, die letztendlich dazu führten, dass er später von der felsigen Insel aus die unruhigen Wellen des Atlantiks grübelnd anstarren musste, statt wie ersehnt in die Haut Alexanders des Großen geschlüpft zu sein.

Das ungelöste Rätsel, das seinem Werdegang eine unabänderliche Wendung gegeben hat, ist an einem schwarzen Freitag, dem 13. Juli 1798, zu suchen.

An diesem Tag errang der Franzose einen Sieg, der keiner war!

Bevor wir uns diesem ominösen und alles entscheidenden Tag widmen, müssen wir erst einmal unseren Blick nach Alexandria wenden. Nach der Landung in der Hafenstadt richtete Napoleon sogleich ein Sendschreiben in arabischer Sprache an die Bevölkerung, das eher einem Dekret entsprach.

Dieses Dokument wurde von den Franzosen vorauseilenden Maghrebinischen Söldner bis nach Kairo ausgetragen:

»Dieses Schreiben gelangte mit einer Gruppe von Gefangenen nach Kairo, die sie (die Franzosen) in Malta vorgefunden und ihrer Gesellschaft mitgeführt hatten.«

Die deutsche Übersetzung der Chronik von Arnold Hottiger aus der französischen Fassung weist an dieser Stelle wichtige Lücken gegenüber der von der National Library Press, Kairo, veröffentlichten arabischen Fassung auf.

Dort wird erwähnt, dass die maltesischen Gefangenen im Auftrag der Franzosen mit Schiffen zuerst nach Bulaq segelten, von wo aus sie den Emir Ibrahim Bek in Kairo aufsuchten, um ihm mehrere Abschriften dieses Sendschreibens vorzulegen.

In seinem unbändigen Willen, objektiv und mit erstaunlicher Neutralität geschichtliche Vorgänge für die Nachwelt zu erhalten, hat al-Gabarti zum Glück dieses Schreiben in vollem Wortlaut in seine Chronik aufgenommen.

Im Verlauf des Textes werden die Mameluken beim Namen genannt und auf verschiedene Weise mit Beschimpfungen und Herabwürdigungen bedacht.

Zugleich werden ihre Führer und Landesherren, die „Sangaqs", mit ganz bestimmten Ereignissen in Verbindung gebracht.

Al-Gabarti zitiert:

»*Von Seiten Frankreichs, das auf der Freiheit und Gleichheit beruht, tut der Oberbefehlshaber, Kommandant der französischen Heere, Bonaparte, allen Bewohnern Ägyptens kund, dass die Sangaqs, die über das Land Ägypten herrschen, die Rechte der Französischen Nation missachtet und geschädigt und ihren Händlern durch alle Art Schikanen und Feindseligkeit Unrecht getan haben. Nun ist die Stunde der Bestrafung gekommen.*«

›Nun ist die Stunde der Bestrafung gekommen‹; welch eine verblüffende Drohung, die substantiell in krassem Widerspruch zu den geschichtlichen Darlegungen steht!

Allein dieser simple napoleonische Satz stellt die etablierte Geschichte auf den Kopf, macht alle späteren Rechtfertigungsversuche der Expedition gänzlich zunichte.

Denn mit dieser Äußerung stehen wir vor jenem **historischen Stoff, aus dem die napoleonische Expedition ›gewebt‹ wurde.**

Demnach war das Ägypten-Mandat aus französischer Sicht in erster Linie eine militärische Strafexpedition, die darauf abzielte, die Interessen Frankreichs in Ägypten zu wahren und letztlich aber auch die alte Ordnung wiederherzustellen.

Die Machthaber in Ägypten, vornehmlich führende Mameluken und türkische Repräsentanten, haben demzufolge die Intervention der Franzosen förmlich provoziert, nachdem sie monatelang deren Interessen im Lande grob missachtet hatten.

Aber was um alles in der Welt hatten die Mameluken im fernen Ägypten anstellen können, das derart so schwerwiegend war, dass es die Grundfesten französischer Interessen und Außenpolitik erschütterte und eine derartige Militärexpedition unumgänglich machte? Die Ereignisse in Ägypten mussten wohl von einer solchen politischen Tragweite gewesen sein, dass die Franzosen zu einem raschen Umdenken in ihr Handeln gezwungen waren, nämlich eine halsbrecherische Expedition zu unternehmen, deren Ausgang niemand voraussagen konnte.

Auch der Zeitpunkt der Geschehnisse am Nil war alles andere als zufällig.

Die die Expedition auslösenden Provokationen in Ägypten erreichten ihren Höhepunkt just während einer Phase, in der die Franzosen am Ärmelkanal ihre militärische Macht eindrucksvoll zu demonstrieren begannen und die britischen Inseln fest ins Visier genommen hatten.

Doch welche Art von Interessen hätten das sein können?

Eins steht dabei fest: Ihre ungeheure Tragweite rechtfertigte es offensichtlich, das beste militärische Potential Frankreichs dem Zufall und der Weite des Meeres zu überlassen, während zur gleichen Zeit das Mutterland von allen Seiten von Feinden umgeben war.

Der napoleonische Erlass birgt allerdings noch eine weitere überraschende Erkenntnis, die bisher noch nie mit der Expedition in Verbindung gebracht wurde.

Dabei ist zunächst zu bemerken, dass der erste Absatz der betreffenden Übersetzung bei Hottinger mit der arabischen Originalfassung nicht übereinstimmt.

Auch hier wird eine Korrektur vorgenommen:

»Ihr Ägypter: Man wird euch sagen, dass ich in diese Gegend gekommen bin, um eure Religion zu beseitigen (nach arabischem Text). *Dies ist eine offenkundige Lüge: Sagt vielmehr den Verleumdern, dass ich zu euch gekommen bin, um euer Recht aus der Hand der Unrechttuer zu befreien, und dass ich mehr als die Mameluken Gott – Er ist hoch und erhaben – diene und seinen Propheten und den herrlichen Koran verehre.«*

Im Klartext bedeutet dies, dass Napoleon schon beim Betreten ägyptischen Bodens auf eine Bevölkerung traf, die nicht nur seine baldige Ankunft bereits erwartete, sondern das Land am Nil war zugleich von einer regelrechten antinapoleonischen Propagandaströmung erfasst worden, deren Ziel es war, unter der Bevölkerung einen Aufruhr gegen den Franzosen anzuzetteln und sein Erscheinen in Ägypten mit der Beseitigung des Islams in Verbindung zu bringen.

Damit sollten religiöse Emotionen gegen ihn geschürt werden, die letztlich bei den Moslems unweigerlich in das Ausrufen des Heiligen Krieges münden mussten.

Spätestens jetzt drängt sich ebenfalls die Frage auf, wie und warum es dazu kam, dass die Bevölkerung im fernen Ägypten ausgerechnet gegen Napoleon aufgewiegelt und feindselige Gerüchte gegen ihn in Umlauf gebracht wurden, obwohl dieser sich noch ahnungslos auf europäischem Boden befand?

Ein Volk auf dem fernen Boden Afrikas in derartigen Aufruhr zu versetzen, setzt grenzüberschreitende und gut organisierte politische

Komplotte voraus, die logischerweise bereits monatelang vor dem Eintreffen Napoleons in Ägypten in vollem Gange waren.

Gab es also womöglich Geheimdiplomatie, wovon keine Dossiers zu existieren scheinen, und was steckt hinter dem unbeirrbaren Hass gegenüber den Mameluken, deren Ausrottung Napoleon stets als sein oberstes Ziel gesetzt hat, obwohl er bis dahin wohl noch nie mit einem Mameluken in Berührung gekommen war?

Wie dem auch sei, summarisch dürfte dies alles letztendlich die geschichtliche Tatsache untermauern, dass die Ägypter die Ankunft Napoleons in ihrem Land erwartet haben und für diese Begegnung manipulativ ›präpariert‹ waren.

Und die Ungereimtheiten in diesem ominösen Schreiben gehen weiter.

Napoleon erlässt darin fünf Punkte, deren Anweisungen die ägyptische Führung strikt zu befolgen hatte:

»Die Scheichs eines jeden Ortes sollen allen Besitz, Häuser und Güter, die den Mameluken gehören, versiegeln; sie haben große Sorge zu tragen, dass nicht das geringste davon verloren gehe.«

Weshalb diese Befehle?

Eine geballte französische Streitmacht angeführt vom besten General, den Frankreich je hervorgebracht hat, verließ die europäische Heimat mit der Absicht, im fernen Ägypten Eigentum, Häuser und Güter der Mameluken in Beschlag zu nehmen!

Auch hier drängt sich die Frage auf, welcher Art wohl diese Güter waren, zu deren Sicherung und Wiederbeschaffung sich Napoleon höchstpersönlich nach Ägypten bemühen musste?

Haben wir es mit einer völlig konfusen Geschichte zu tun, oder liegt hier in der Tat womöglich einer der Schlüssel zur Enträtselung der nebulösen Umstände um die Ägypten-Expedition?

Die Antwort auf all diese Fragen führt zunächst zu einem ägyptischen

Dorf namens Rahmaniya, das am Nildelta etwa 30 km südlich von Alexandria liegt.

An diesem bis dahin unbedeutenden Ort wurde das Schicksal der napoleonischen Expedition vorab entschieden!

Ausgerechnet an einem Freitag, dem 13. Juli 1798, fand hier eine der skurrilsten Schlachten statt, die Napoleon je führte.

Dieser Zwischenfall auf halbem Weg zwischen Alexandria und Kairo erschien der Geschichtsschreibung bislang sekundär, im Rahmen der Expedition als nebensächlich.

Nicht einmal die französischen Berichterstatter, die dem Geschehen beiwohnten, haben begriffen, was an diesem Tag wirklich geschah!

Wenige Tage nach der Besetzung Alexandrias berichtete al-Gabarti wie folgt:

»Als diese Nachrichten Kairo erreichten, bemächtigte sich Unruhe der Bewohner, und die meisten wollten ihre Zuflucht bei Entfernung und Abwanderung nehmen. Doch was die Emire von Kairo anging, so ritt Ibrahim Bek nach Qasr [Palast] al-Aini, und Murad Bek stieß aus Gizeh, wo er sich aufgehalten hatte, zu ihm. Sie versammelten mit den anderen Emiren und Gelehrten sowie auch dem Qadi und beratschlagten über dieses Ereignis. Sie beschlossen, einen Brief mit der Meldung der Geschehnisse nach Istanbul zu senden, und dass Murad Bek die Soldaten ausrüsten und mit ihnen ausziehen solle, um die Feinde zu bekämpfen und zu bekriegen. Dann löste sich die Versammlung auf. Man verfasste das Sendschreiben, und Bakr Pascha sandte es auf dem Landweg ab – als wollten sie ein Heilmittel aus dem fernen Irak suchen!«

Die Machthaber in Kairo hatten keine anderen Sorgen, als sich in Passivität zu verharren und eine Meldung nach Istanbul zu versenden, als ob die Franzosen solange tatenlos die Antwort darauf abwarten würden.

Weit unverständlicher dürfte allerdings die Tatsache sein, dass die beiden Machthaber Ibrahim und Murad Bek mit ihren Armeen zu diesem brenzlichen Zeitpunkt immer noch in Kairo verweilten.

Napoleon kehrte dem Ärmelkanal den Rücken und visierte das Land am Nil an. Bereits als er den Hafen von Toulon verließ, wussten die Ägypter von der auf sie zurollenden Militärexpedition.
Zugleich wurde unter der Bevölkerung das Gerücht verbreitet, dass Napoleon beabsichtigte, nach dem Christentum in Rom nun auch den Islam zu beseitigen. Das Land wurde von einem religiösen Aufruhr erfasst, und der Ruf nach dem Heiligen Krieg immer lauter.
Dennoch entschlossen sich die beiden Emire Ibrahim und Murad erst nach erfolgter Landung dazu, militärisch gegen die französische Invasion vorzugehen, und Murad Bek setzte Kampfverbände in Richtung Alexandria in Marsch!
Wenn die französische Expedition also ein offenes Geheimnis war, wieso wurde erst so spät auf die Invasion reagiert, und vor allem: Worauf haben eigentlich die Machthaber in Kairo so lange gewartet? Doch die Ungereimtheiten unmittelbar nach Erscheinen der Franzosen in Ägypten gehen in Kairo weiter:

»Sie begannen die Festungen instand zu setzen, alles Notwendige bereitzustellen und Kriegsvorbereitungen in der Frist von fünf Tagen zu treffen.«

Und erst jetzt verhängten die Mameluken den Ausnahmezustand über Kairo:

»Sie gingen dazu über, die Leute zu enteignen; das meiste, was sie brauchten, nahmen sie, ohne dafür zu bezahlen.«

Auch der in Kairo zurückgebliebene Ibrahim Bek entdeckte nun plötzlich verhängnisvolle militärische Versäumnisse zur Verteidigung der Hauptstadt.
All dies lässt nur eine einzige Schlussfolgerung zu: Trotz ihrer Kenntnisse über die auf sie zusteuernde französische Militärexpedition

waren die Machthaber in Kairo bis zum letzten Moment auf keine kriegerischen Auseinandersetzungen vorbereitet.

Aus irgendeinem Grund rechnete offensichtlich niemand damit, dass Kairo vom Krieg erfasst werden konnte.

Nur eine solche Annahme kann im Nachhinein das passive Verhalten der Kairoer Machthaber in einer solchen Gesamtsituation rechtfertigen und beantwortet zugleich plausibel die Frage, warum während der Invasion keine Mameluken Verbände zur Verteidigung Alexandrias zugegen waren.

Im Klartext also: Man rechnete ernsthaft damit, dass Napoleon die Landung nicht überleben, geschweige denn bis nach Kairo vorstoßen werde!

Aus dieser Überlegung heraus haben wir zugleich einen brauchbaren Mosaikstein, mit dem sich plausibel erklären lässt, warum während der Ankunft der Franzosen die Mameluken Kämpfer in Kairo geblieben waren. Für die Vernichtung der Franzosen waren andere von der englischen Krone auserwählt: die in Abukir stationierten Albaner.

Auch in der Chronik hatte al-Gabarti etwas Eigenartiges festgehalten. Dabei muss an dieser Stelle hervorgehoben werden, dass sich diese Ereignisse nunmehr in Sichtweite des Ägypters in und um Kairo abspielten, wo er das Geschehen selbst erlebte und aus erster Hand berichten konnte.

Wir erfahren bei ihm, dass Murad Bek mit seinen Soldaten aus Gizeh kam, um Napoleon entgegenzumarschieren.

Der andere Emir Ibrahim kam aus dem al-Aini-Palast, welcher auf der anderen Nil Seite in Kairo liegt.

Einem Kundigen der ägyptischen Geschichte fallen hierzu zwei Fragestellungen auf.

Zum einem, wieso marschierten nicht die beiden Emire mit ihren Armeen wie in alten Zeiten gemeinsam in den Kampf und zum anderen: Warum zieht ausgerechnet Murad Bek den Franzosen entgegen, der nicht gerade als besonders mutig galt?

Al-Gabartis Freund, der Dichter Hassan El-Attar, hat die sprichwört-liche Feigheit des Emirs einmal so formuliert:

»Ein Löwe mir gegenüber, doch im Krieg ein Vogel Strauß, der sich eilends davonmacht voller Schreck, wenn nur jemand pfeift.«

Der andere Emir Ibrahim Bek war viel eher der unerschrockene Kämpfer, der das Prädikat Mameluken Krieger verdient hätte.
Warum übernahm nicht er das Oberkommando über die in Richtung Alexandria vorrückenden Armeen?
Hieraus drängt sich aber auch eine weitere Frage auf.
Wieso hielt sich Murad Bek mit seiner Armee bis dahin im kargen Gizeh auf und nicht in der Hauptstadt Kairo, wo sich auch Ibrahim Bek mit seinen Kämpfern aufhielt?
Wir erfahren bei al-Gabarti von einem geballten Militärapparat, mit dem Murad Bek den Franzosen entgegenmarschierte:

»Dann, nach dem Freitagsgebet, brach Murad Bek auf. Er richtete sein Zelt und seinen Pavillon bei der Schwarzen Brücke auf und verweilte dort zwei Tage, bis das Heer und seine Abteilungen vollzählig waren. Mit ihm waren Ali Pascha at-Tarabulsi und Nasuh Pascha, seine engsten Vertrauten, die mit ihm in Gizeh wohnten. Er nahm eine große Menge Kanonen und Pulver mit und ritt mit seiner Kavallerietruppe über Land. Die Fußsoldaten jedoch, die ildasat, die Matrosen, die Kleinasier und die Maghrebiner, fuhren auf dem Strom mit kleinen Galeonen, die der erwähnte Emir hatte bauen las-sen.«

Wiederum wirft der Text unweigerlich Fragen auf.
Wieso um alles in der Welt wohnte der Mameluken-Emir Murad in Gizeh, auf dem Westufer also, und nicht in seinem feudalen Palast innerhalb der schützenden Stadtmauern Kairos auf der anderen Uferseite?

Was hat den luxusverwöhnten Emir dazu getrieben, die Gegend um die Pyramiden der sicheren Machtzentrale in Kairo vorzuziehen?

Und von irgendwelchen Luxuspalästen in Gizeh weiß keine Ägyptenchronik zu berichten.

Noch eigenartiger erscheint der Teil der Aussage, wonach auch Maghrebiner in seiner Armee waren.

Wie kam ein Mameluken-Emir dazu, ausgerechnet Maghrebiner zu rekrutieren, zumal al-Gabarti an anderer Stelle bekundet, dass sie ein Teil des islamischen Stoßtrupps, der im Auftrag Napoleons operierte, also Verbündete der Franzosen waren?

Bevor der Oberbefehlshaber Murad sein Hauptquartier an der Schwarzen Brücke verließ, traf er mehrere Anordnungen, die offensichtlich der Verteidigung der Hauptstadt dienen sollten:

»*Als er von der Schwarzen Brücke aufbrach, sandte er Befehl nach Kairo, man solle eine eiserne Kette von größter Dicke anfertigen, die 130 Ellen lang sein müsse, damit sie über die Enge bei Burg Mughairal (in Rosette) von einem Ufer zum anderen gespannt werden könne. Diese sollte die Schiffe der Franzosen daran hindern, den Nil hinaufzusegeln. Dies geschah auf Rat des Ali Pascha. Auch sollte dort eine Schiffsbrücke mit Brustwehren und Kanonen errichtet werden. Sie taten dies, weil sie dachten, die Franzosen könnten ihnen zu Lande nicht standhalten und würden daher auf ihre Schiffe steigen, um von ihnen aus gegen sie zu kämpfen (…).*«*

Welch eigenartige Ausführungen!

Stets gehen wir davon, dass die Mameluken aus zügellosen Reiterbanden bestanden haben, die säbelrasselnd und mit unübertroffener Stupidität den modern ausgerüsteten Europäern entgegenritten, so oder so ähnlich, wie die Indianer in den kitschigen US-amerikanischen Western regelmäßig ins Verderben reiten. Doch al-Gabartis Ausführungen deuten eher auf gut organisierte Armeeverbände hin, die obendrein über moderne und gewaltige militärische Ausrüstung verfügten und sogar leichte und schnelle Kanonenboote in ihren Reihen hatten.

Wie kommt der Mameluken-Emir Murad Bek zu seiner modernen Kriegsausrüstung?

Das kriegerische Geschehen beeinflusste von nun an entscheidend das Leben in Kairo.

Denn kaum hatte Murad Bek mit seinen Armeen sein Hauptquartier verlassen, und schon wurde Kairo von regelrechten Chaos erfasst:

»Als Murad Bek die Stadt verließ und das Heer aufbrach, begannen sich die Suqs zu leeren. Es gab viele Tumulte und Gerüchte unter den Leuten; Wegelagerer erschienen auf den Straßen, und Diebe zogen jede Nacht durch alle Teile der Stadt. Die Leute wagten nach Sonnenuntergang nicht mehr, durch die Straßen und Suqs zu gehen. Der Agha und der Wali ließen ausrufen, die Suqs und Cafés sollten des Nachts geöffnet bleiben und Laternen müssten vor den Häusern und in den Läden brennen. Dies geschah aus zwei Gründen: erstens um zu erreichen, dass die Angst aus den Herzen weiche und Leute Vertrauen zurückgewönnen, und zweitens aus Angst, dass Fremde sich in die Stadt einschleichen könnten.«

Hier fällt auf, dass der zweite Herrscher im Lande, Ibrahim Bek, trotz der brenzligen Lage, in der er sich befand, immer noch ungewöhnlich passiv blieb.

Stets war es sein Rivale Murad Bek, der in diesen kritischen Tagen alle Fäden in der Hand hielt, über die Befehlsgewalt der Armee und Marine verfügte und die Anweisungen zur Verteidigung Kairos erteilte.

Drei Tage später erreichten weitere Nachrichten Kairo:

»Am Montag trafen Meldungen ein, denen zufolge die Franzosen Damanhur und Rasid (Rosette) erreicht hatten. Der größte Teil der Bewohner jener Landstriche floh vor ihnen und zog nach Fuwa und Umgebung.   Ein Teil *jedoch bat um Frieden und blieb an seinen Orten; dies waren die Verständigeren.«*

Nach weiteren drei Tagen vernahm die Kairoer Bevölkerung die nächsten Nachrichten:
»Am Donnerstag, dem 28. des Monats, traf die Nachricht ein, dass die Franzosen in die Gegend von Fuwa und dann nach ar-Ramanija gelangt waren.«

Was dann bei Rahmaniya geschah, war der Beginn einer schier unglaublichen Geschichte.

Am Nilufer marschierte eine riesige Heeresmacht in prachtvollen und bunten Trachten in nördlicher Richtung, ja selbst ihre Waffen und Pferde waren reichlich geschmückt, so als stünde eine feierliche Parade bevor.

Die wegen ihrer militärischen Kühnheit gefürchteten Reiter peilten mit entschlossenen Blicken und unbändigen Vorwärtsdrang den Horizont an, dort wo die Franzosen früher oder später auftauchen mussten.

Auf dem Fluss glitt eine endlos scheinende Schiffskolonne.

Die führenden Boote waren mit Kanonen bestückt, während die nachfolgenden Formationen dicht an dicht mit Soldaten, andere mit reichlich Verpflegung, wieder andere mit Munition und Pulvervorräten beladen waren.

Alles in allem eine gewaltige Heeresmacht, deren moderne Ausrüstung der der Franzosen in nichts nachstand und die alles andere als ein zusammengewürfelter Haufen Krieger war.

Selbst in weit entfernten Dörfern entlang des Flusses war das Dröhnen der unzähligen Pferdehufe unüberhörbar, ebenso der Nachhall der kollektiven Rufe der Krieger, die stets mit ›allahu akbar‹ endeten. Hin und wieder eilten Fellachen auf beiden Seiten des Flusses dem imponierenden Schauspiel jubelnd und ebenfalls ›allahu akbar‹ rufend entgegen, während Frauen mit dem typischen Jauchzentrillern die ›Retter‹ der Nation bei Allah priesen.

Allem historischen Geplänkel zum Trotz, hier marschieren zweifellos zwei gleichwertige und ebenbürtige moderne Armeen aufeinander zu.

Alles spricht also dafür, dass in Rahmaniya eine für Ägypten und die ganze Region entscheidende Schlacht bevorstand.

Am Ort des Geschehens überschlugen sich dann die Ereignisse.

Doch wer nun in der Chronik eine ausführliche Lektüre über den Schlachtverlauf erwartet, der wird vergeblich danach suchen.

Es ist Sonntag, der 15. Juli, als al-Gabarti folgende Nachricht erfuhr:

»Es begann der Monat Safar des Jahres 1213 (15. Juli 1798). Am Sonntag nach dem Neumond des Safar langte die Nachricht an, dass am Freitag, dem 29. Muharran, das ägyptische Heer mit den Franzosen zusammengestoßen war.«

Was dann an jenen Freitag den 13. Juli nach dem Zusammenstoß wirklich geschah, ist höchst rätselhaft:

»Dies geschah nur kurz; doch Murad Bek und jene, die mit ihm waren, wurden geschlagen. Es war keine richtige Schlacht, nur ein Gefecht zwischen den Vorhuten der beiden Heere, weshalb auf beiden Seiten nur wenige getötet wurden.«

Eine Schlacht fand faktisch überhaupt nicht statt!

Kaum hatten sich die vordersten Reihen der Mameluken mit denen der Franzosen zaghaft „duelliert", so al-Gabarti, und schon war der Kampf beendet, ehe er überhaupt begonnen hatte.

Wie konnte es geschehen, dass eine geballte und für ihren unerschrockenen Kampfgeist gerühmte Kriegerschar in eine so bedeutsame Schlacht sozusagen von einer Stunde, ja von einer Minute auf die andere vernichtend geschlagen wurde?

Vor allem aber, wie konnte solch ein entscheidender Kampf so abrupt enden und wieso verließen die wagemutigen Mameluken Krieger mit Murad Bek fluchtartig das Schlachtfeld, ehe ein militärisches Gefecht überhaupt stattgefunden hatte?

Was den Hergang der Niederlage angeht, so sind die hierzu auslösenden Gründe, die von al-Gabarti angeführt werden, spärlich wie höchst seltsam:

»Doch die Schiffe des Murad Bek verbrannten mit allen Pulvervorräten und allem Kriegsgerät, das darauf war. Der Chef der Artillerie, Halil Kurdli, verbrannte mit ihnen. Er hatte zu Wasser tapfer gekämpft, doch Gott wollte, dass das Feuer ein Segel erfasste und dass ein Funken davon auf das Pulver fiel; da ging alles in Flammen auf, und das Schiff verbrannte mit allen Kämpfern, die darauf waren, und mit ihren Vorgesetzten; sie flogen in die Luft.«

Hier muss der sonst so sorgfältig berichtende al-Gabarti Kritik an seinen Aussagen einstecken.

Einerseits beteuerte er, dass es »*nur ein Gefecht zwischen den Vorhuten der beiden Heere*« gegeben hat, wie konnte er auf der anderen Seite behaupten, dass der Chef der Artillerie Halil Kurdli so tapfer gekämpft habe?

Vor allem mit wem soll eigentlich dieser zu Wasser gekämpft haben? Ebenso ist bei al-Gabarti die Rede von Murad Beks Schiffen, die samt Pulvervorräten und Kriegsgerät verbrannten und in die Luft flogen. Wieso gingen auch diese Schiffe in Brand, wenn keine militärische Schlacht stattgefunden hatte; wenn sich die französischen Verbände noch in weiter Ferne von all dem Kriegsmaterial befunden hatten?

Für gewöhnlich begleiteten diese schwimmenden Waffen- und Munitionsdepots die vorrückenden Kampfverbände in den hintersten Linien, weit weg vom kriegerischen Geschehen und der Reichweite der gegnerischen Kanonen.

Und dennoch explodierten sie mit ohrenbetäubendem Lärm hinter dem Rücken der Mameluken Verbände.

Derartige Widersprüche verdeutlichen die Problematik, mit der die Aufklärung dieser geschichtlichen Abläufe erschwert wird.

Die einzelnen Abschnitte eines Vorganges lassen sich nicht zu einem rationalen Ablauf in einander verzahnen.

Die Lösung des Problems muss also auf einem anderen Weg gesucht werden.

Bei näherer Auslegung der Chronik lässt sich etwas Sonderbares feststellen, nämlich dass al-Gabarti nach der kurzen Berührung der Vorhuten der beiden Armeen zunächst den Kampf als beendet ansieht, um erst danach über die Vernichtung der Schiffe des Murad Bek zu berichten.

Hätte er nicht zuerst über das Kampfgeschehen insgesamt berichten müssen, um dann am Ende daraus zu folgern, dass Murad Bek militärisch geschlagen wurde?

Dass er dies jedoch nicht tat, kann eigentlich nur bedeuten, dass er aus irgendeinem triftigen Grund die ihm vorliegenden Augenzeugenberichte als zwei eigenständige und in sich abgeschlossene Vorgänge betrachtete.

Das Bindeglied zwischen beiden Ereignissen vermochte er nicht zu durchschauen. Und dafür gibt es eine denkbare Erklärung: Al-Gabarti war ein Verfechter einer Geschichtsschreibung nach der Weise des Griechen Thukydides.

Mit anderen Worten, wenn der Ägypter auf das Zeugnis anderer angewiesen war, hat er mit äußerster Sorgfalt die Berichte einer Prüfung unterzogen, um letztlich nach eigenem Ermessen darüber zu entscheiden, was er davon in seine Chronik aufzunehmen gedachte.

Demnach ist davon auszugehen, dass die vom Berichterstatter dargelegten Erklärungen über den Kampfverlauf in diesem Zusammenhang dem Chronisten offenkundig nicht glaubwürdig genug erschien, um in seine Historien aufgenommen zu werden.

Dennoch bleibt das, was al-Gabarti ausgelassen hat, nicht gänzlich verborgen. Zum weiteren Verlauf der Handlung unmittelbar nach

Vernichtung der Schiffe gibt es Hinweise, die zu einer möglichen Aufklärung führen können:

»Als Murad Bek dies sah, erfasste ihn ein Schrecken, und er wandte sich geschlagen zur Flucht. Er ließ das schwere Gerät und die Kanonen zurück, und die Soldaten folgten ihm. Die Fußsoldaten der übrigen Schiffe stiegen aus und kehrten nach Kairo zurück.«

Das würde bedeuten, dass der Kampf schon beendet war, ehe die Mameluken Verbände dazu kamen, ihre schweren Kanonen von den Schiffen zu verladen und sie auf dem Schlachtfeld in Position und die Kampfverbände in Stellung zu bringen.
Ja, die Fußsoldaten waren noch nicht einmal aus ihren Schiffen ausgestiegen, um sich dem Kampf zu stellen.
Alles deutet also daraufhin, dass eine bis auf die Zähne bewaffnete Armee innerhalb kürzester Zeit vernichtend geschlagen worden war, ohne dass dabei überhaupt im militärischen Sinne eine Schlacht stattgefunden hatte!
Irgendetwas Gespenstisches musste geschehen sein, dass die mutigen Krieger dermaßen in Angst und Schrecken versetzt hatte, dass sie zu verstörten Schlachtlämmern wurden.
Kann aber, wie bei al-Gabarti zunächst zu lesen ist, die bloße Explosion eines Schiffes solch eine übersteigerte Reaktion auslösen?
In jeder Schlacht gehören Explosionen zur Tagesordnung, ohne dass gleich eine ganze Armee nach der ersten Explosion verängstigt die Flucht ergreift.
Was hat sich also um das Kurdli-Schiff abgespielt, das für die islamischen Krieger offensichtlich alles andere als normal war, ihre „Siegesgewissheit" untergrub und ihre ›allahu akbar‹-Rufe verstummen ließ?
Doch Rahmaniya hat weitere Abnormitäten zu bieten.
Dort wurden über 15.000 Mameluken niedergemetzelt, die al-Gabarti mit keinem Wort erwähnt.

Wie ist diese hohe Zahl an getöteten Soldaten mit al-Gabartis Aussage in Einklang zu bringen, wonach an diesem Tag keine ›richtige‹ Schlacht stattgefunden hat und er von wenigen Getöteten redet?

Wie war es zudem nach diesem Ereignis überhaupt möglich gewesen, dass Napoleon nach diesem Blutbad wenige Tage später in Gizeh von der ägyptischen Bevölkerung in den Rang eines Propheten des Islams erhoben wurde, so wie Victor Hugo es einmal behauptete?

Wie lassen sich bloß all diese Ungereimtheiten zu einer rationalen Geschichte zusammenfügen?

Liegt die Lösung vielleicht in der Antwort auf die simple Frage, die lautet: Hatte der Mameluken-Emir Murad Bek überhaupt die Absicht, in den Kampf gegen Napoleon zu ziehen?

5. Kapitel
M u r a d   B e k
<u>Der</u> zwielichtige Verbündete

Es ist kaum zu glauben, aber die Beantwortung der letzten Frage, wird zur Klärung so mancher historischen Ungereimtheiten beitragen.

Zunächst ist es allerdings unerlässlich, eine andere Frage zu beantworten, die damit in direktem Zusammenhang steht: Wie kam ein Mameluken-Emir wie Murad Bek zu solchen Armeen und solch moderner militärischer Ausrüstung?

Nach dem Tod Murad Beks im Jahr 1800/01 hat al-Gabarti eine Art Nachruf verfasst und dabei erstaunliche Einzelheiten über ihn geschildert.

Nachdem die beiden Emire Ibrahim und Murad Bek nach der Vertreibung aus Kairo die Hauptstadt zurückerobern konnten, nahm die politische Entwicklung in Ägypten einen höchst seltsamen Verlauf, in dessen Mittelpunkt nunmehr einer der beiden Emire steht: Murad Bek.

Es gilt als sicher, dass zu Beginn dieser Phase die Machtverhältnisse in Ägypten alles andere als gefestigt waren.

Verschwörungen und Intrigen bestimmten den politischen Alltag.

Dabei fällt auf, dass vorwiegend Murad Bek das Geschehen steuerte.

Dann begann eine Phase, in der nach einem geordneten Plan vorgegangen wurde, um die Machtverhältnisse in der Hauptstadt zu seinen Gunsten zu ordnen und zu festigen.

Bestimmte einflussreiche Personen wurden mit lukrativen Provinz-Posten in die Ferne gelockt, um zunächst ein Machtvakuum zugunsten Murad Beks in Kairo zu schaffen, das dann von treuen Vasallen des Emirs ausgefüllt wurde:

»Gleichzeitig teilte er sich mit Ibrahim Bek die Herrschaft, löste und band, begehrte und ordnete an, verteilte Reichtümer und Posten und betraute seine Mameluken und Gefolgsleute mit Provinzregierungen und Ämter.«

Nach außen hin wurde also der Eindruck erweckt, als würden beide Emire sich die Macht teilen, in Wahrheit aber ist es Murad Bek der alleine alle entscheidenden Machtbefugnisse in der Hand hält, um sich der engsten und einflussreichsten Weggefährten zu entledigen und sich somit die uneingeschränkte Machtstellung in der Hauptstadt zu sichern.

Dass er allerdings dazu notgedrungen eine politische Scheinehe mit Ibrahim Bek eingehen musste, belegt, dass es ihm nicht gelang, seinen ehemaligen Weggefährten gänzlich von der Macht zu verdrängen.

Ibrahim Bek scheint wichtige Verbündete im Hintergrund gehabt zu haben, die stets bemüht waren, sein politisches Überleben zu sichern.

Aller Wahrscheinlichkeit nach standen die Machthaber in Istanbul hinter ihm.

Doch selbst die Türken waren nichts anderes als Schachfiguren in einem von der englischen Krone weitgespannten Verschwörungsnetzwerk, die, ohne es je zu ahnen, dosiert Zug um Zug in die richtige Position gebracht wurden.

Plötzlich schien Murad Bek dann über eine unerschöpfliche Geldquelle zu verfügen:

»Er begann Geld auszuwerfen und es für seine Emire und Gefolgsleute auszugeben.«

Nach seinem verderblichen Vorgehen werden sogar die sonst so einflussreichen türkischen Emire zu einem sittenlosen Lebensstil verführt.Die Repräsentanten des osmanischen Reiches hatten in erster Linie die Aufgabe, wachend im Hintergrund darauf zu achten, dass

Ägypten nicht völlig aus dem Einflussbereich der türkischen Politik driftete:

»Einige Emire des Ali Bek und anderer stießen zu ihm. Er ehrte sie und erlaubte seinen Mameluken alle Ausschweifungen und ließ ihnen ihre Fehler durchgehen. Jeder freche Missbrauch fand bei ihm Zustimmung wie auch jedes tadelnswerteste Vergehen von Übeltätern. Ihre Natur wurde pervertiert und ihre Eigenschaften verdorben, ihre Herzen voller Gier und ihre Köpfe ganz krank. Sie wetteiferten im Stolz und beneideten ihren Herren, rümpften ihre Nase über ihn und begehrten sogar, was er vor sich stehen hatte. Er aber machte sich eine Ehre aus Großzügigkeit und Schenkfreudigkeit. Alle Begehrlichen wandten sich ihm zu, die Dichter und Schmeichler lobten ihn.«

Die unmoralischen Zustände, welche an seinem Hof herrschten, standen denen zurzeit des französischen Sonnenkönigs wohl in nichts nach.

Doch plötzlich war das süße Leben zu Ende:

»Als aber dann der Weg eng für ihn wurde und er einsah, dass die Zufriedenheit der Welt ein Ziel ist, das niemand erreichen kann, begann er sich von den Menschen zurückzuziehen, und seine Sonderlichkeiten und Launen nahmen noch zu.«

Sein Leben schien abermals einen völlig anderen Verlauf zu nehmen. Murad Bek war nun plötzlich der große Baumeister geworden, der die sonderbarsten Bauaktivitäten entfaltete und dabei wie ein Besessener auserlesene Residenzen errichten ließ:

»Seine Residenz richtete er in dem Schloss von Gizeh ein. Er baute es aus und schmückte es; unterhalb errichtete er einen festen Landequai, in seinem Inneren pflanzte er einen herrlichen Garten an, in den er alle Arten von Palmen, Bäumen und Weinreben bringen ließ.«

Murad Bek und seine Armeen sollen aus Gizeh gekommen sein, als sie begannen, die Vorbereitung für den Militärzug nach Norden zu treffen. Diesen geheimnisvollen ›**Palast von Gizeh**‹ scheint es nicht nur gegeben zu haben, sondern er dürfte unter allen neuerrichteten Palästen der schönste und aufwändigste gewesen sein.

Dann scheint der Baulöwe Murad Bek sich aus irgendeinem Grund besonders für einen Ort interessiert zu haben: eben die Gegend von Gizeh.

Doch es waren keine blinden oder spontanen Handlungen, er ging nach einem genauen Plan vor.

Mit allen Mitteln machte er sich daran, die Umgebung um seine Residenz weiträumig in seinen Besitz zu bringen:

»*Er suchte den meisten anderen Landbesitz der Region von Gizeh für sich durch Kauf, Tausch oder Zwang in Besitz zu nehmen.*«

Allem Anschein nach versuchte der Emir sich die gesamte Gegend von Gizeh anzueignen.

Doch wozu, wo doch Kairo in Sichtweite auf der anderen Nilseite liegt?

Welchen Sinn kann es haben, um die Pyramiden herum großräumige Flächen zu erwerben; und warum käuflich erwerben, wo dieser Mameluk doch für seine Gewalttätigkeit und Willkür bekannt war:

»*Er nahm Dinge, die ihm nicht gehörten (…) er war voller Tyrannei und Ungerechtigkeit.*«

Wieso also achtete dieser willkürliche Herrscher plötzlich die Gesetze und Sitten, statt kurzerhand die von ihm gewünschten Ländereien in Beschlag zu nehmen?

Seine Bauwut nahm kein Ende.

Insbesondere die Errichtung hochwertiger und kostspieliger Paläste setzte er konsequent fort:

»Er baute auch das Schloss auf der Goldinsel und pflanzte auch dort einen Garten an; ebenso das Schloss Tarsa und den ›Garten des Verrückten‹. Er pflegte sich in diesen Schlössern und Gärten aufzuhalten und verbrachte all seine Zeit damit, zur Jagd auszureiten. Er erwarb auch Vieh wie Kühe, Büffel, Milchkühe und Schafe von verschiedenen Arten.«

Diese Zeilen von al-Gabarti scheinen hier große Rätsel aufzugeben. Denn das, was er hier schildert, würde eher auf einen Ramses den Großen zutreffen, auf einen Herrscher also, der seine Residenzen und Reichtümer so herrichtete, als würde seine Herrschaft bis in Ewigkeit Bestand haben.

Aber wozu wurden Dutzende von Palästen und herrliche Anlagen benötigt, wen sollten sie beherbergen?

Und vor allem steht dies alles nicht in krassen Widerspruch zum Wesen eines Mameluken?

Auch die Lebensart und der Luxus, den al-Gabarti hier beschreibt, sind eines Mameluken wahrlich unwürdig.

Die Mameluken-Herrscher kamen und gingen; kaum hatte einer sich seines Rivalen entledigt, blieb er solange an der Macht, bis es einmal für mehr oder weniger kurze Zeit danach einen Listigeren gab, der die Macht an sich reißen konnte. Oder er wurde durch einen Mann aus Istanbul ersetzt, den die Türken aus irgendeiner Laune heraus nach Kairo entsandten. Rivalitätskämpfe und immer neue politische Pakte waren im Grunde die Normalität, um die die oberste Herrschaft stets kreiste.

All diesen Gesetzmäßigkeiten zum Trotz, Murad Bek schien dennoch unbeirrbar seine Herrschaft so herzurichten, als stünden ihm viele Jahrzehnte Regierungszeit bevor.

Woher kam wohl plötzlich diese innere Stabilität und Beständigkeit?

Dann bewies er ungeahnte Talente, als sei er plötzlich vom Analphabeten zum großen Staatsstrategen und Lenker aufgestiegen, der sein Land in das nächste Jahrhundert führen wollte.

Er wurde vielseitiger, und seine rege Bautätigkeit blieb nicht auf den zivilen Sektor beschränkt:

»Er ließ sich ferner ein gewaltiges Arsenal bauen und forschte nach Herstellern von Kriegsgeräten wie Kanonen, Geschossen und Bomben, Kugeln und Chemikalien. Er erstellte Pulverfabriken, die anders waren als jene, die es im Lande gab. Er verpflichtete alle Schmiede, Eisengießer und Zimmerleute zur Arbeit und suchte alles importierte Eisen zusammenzubringen, auch Blei, Kohle, Brennholz, bis am Ende all diese Waren knapp wurden, weil er alles nahm, was man davon finden konnte. So auch Schnittholz, Lupinen und Durra, die zum Brennen von pulverisiertem Kalk für Gips und zum Bauen gebraucht werden. Seine Agenten waren überall, um Schiffe zu beschlagnahmen, die Holz aus dem übrigen Lande brachten; sie nahmen es und konfiszierten es alles. Dann verkauften sie in ihrem eigenen Interesse, so viel sie wollten, und nahmen als Bestechungsgeschenke, so viel sie erhalten konnten; dann überließen sie den Rest den Besitzern nach Vermittlung und Fürbitten.«

Es ist kaum zu glauben!

Dieser von der Geschichtsschreibung mehr oder weniger als stupider wilder Reiter abqualifizierte Emir war tatsächlich im Begriff, eine moderne industrielle Revolution am Nil einzuleiten und einen Staat zu errichten, in dem zukunftsorientierte Forschung betrieben wurde. Auffällig dabei dürfte der Umstand sein, dass die umfangreich entstandenen Fabriken in erster Linie der Produktion von militärischen Gütern dienten, deren Potential wohl kaum wegen des gelegentlich aufflammenden lokalen militärischen Gehabes der Mameluken nötig wäre.

Vor allem drängt sich die Frage auf, welche Notlage hat ihn wohl dazu bewogen, die ganze Region in die Produktion einzubinden und wozu? Hier müssen andere Gründe vorgelegen haben, die eine solche gigantische und moderne Rüstungsindustrie erforderlich machten.

Ebenso steht man vor der Frage, wie es auf einmal möglich war, dass die Ägypter auf dem Gebiet der militärischen Rüstung nicht nur im Stande waren, in großem Umfang zu produzieren, sondern parallel dazu Forschungsarbeiten zu betreiben und sogar modernste Schießpulverfabriken zu errichten, ›*die anders waren als jene, die es im Lande gab*‹?

Woher hatte Murad Bek plötzlich das Know-how und vor allem die enormen finanziellen Mittel, um im Land eine militärische Industriemanie dieser Größe zu entfesseln, die dazu geeignet gewesen wäre, ganze Armeen mit modernstem Gerät auszurüsten?

Dann warten die Texte von al-Gabarti mit weiteren Überraschungen auf.

Unterägypten wird zu jener Zeit von einer wahren Welle ausländischer Ingenieure, Techniker, Söldner und Handwerker überschwemmt:

»*Er brachte Kriegsmatrosen und griechische Christen sowie Schiffsbauer ins Land. Sie erbauten ihm eine Anzahl von Kriegsschiffen und Galeonen und brachten Kanonen und Kriegsgerät darin unter, so wie es die Griechen auf ihren Schiffen haben. Dafür gab er gewaltige Geldsummen aus. Er stellte auch Matrosen und Soldaten dafür ein und schüttete hohe Löhne und Unterhaltungssummen für sie aus.*«

Woher stammten die Mittel, mit denen das alles, was am Westufer des Nils geschah, finanziert werden konnte, und wer hatte die hierfür erforderliche Logistik und den reibungslosen Ablauf des Geschehens gewährleistet?

Auch sollen sogar am Westufer Schiffswerften aus dem Boden geschossen sein, wo ausschließlich Ausländer an der Entstehung einer gut ausgerüsteten Flotte tüftelten.

Selbst die Matrosen sollen ausnahmslos Ausländer gewesen sein. Wie konnte ein Mameluken-Emir all dies bewältigen und hatte er etwa vor, Ägypten zu einer Seemacht zu verhelfen? Die Schaffung einer schlagkräftigen Flotte ist zugleich ein Hinweis darauf, dass die beabsichtigten kriegerischen Operationen, die diese Produktionsstätte notwendig machten, außerhalb Ägyptens liegen mussten. Auf dem Nil wäre keine so schlagkräftige und derart ausgerüstete Marine nötig gewesen.

Das Gleiche dürfte auch für die neue Rüstungsindustrie gelten.

Auch wenn al-Gabarti nicht in der Lage war, den tatsächlichen Umfang der entstandenen Industrie einzuschätzen, so reichen seine spärlichen Angaben aus, um zu erahnen, dass in Ägypten ein bedeutendes Rüstungsindustriezentrum mit gigantischen Arsenalen aufgebaut werden sollte.

Aus dieser Sicht ist es verständlich, wieso Murad Bek alles daransetzte, Gizeh und die umliegenden Ländereien in seinen Besitz zu bringen.

Allerdings stellt sich die Frage hier, woher Murad Beks plötzliche Sympathie für alles Ausländische kam?

Auf der Suche nach einer Antwort, wartet die Chronik mit einer weiteren Überraschung auf.

Murad Bek hatte in Wirklichkeit mit all dem nichts zu tun, was sich zu dieser Zeit an Sonderbarkeiten am Nil abspielte!

Weder hat er die Verfügungsgewalt über die militärischen Industrieanlagen, noch die Macht über die Ausländer im Lande, die für den industriellen Aufbau zuständig waren.

Ein geheimnisvoller Ausländer scheint der wahre Lenker und Organisator am Nil gewesen zu sein:

»Er gab ihnen ein Oberhaupt, einen Christen, der sich Nicola nannte und für den er ein mächtiges Haus in Kairo und ein weiteres in Gizeh baute. Er hatte ein Ehrengeleit und Gefolge aus griechischen Christen, die Gehälter erhielten wie Soldaten.«

Die Aussage ›er gab ihnen ein Oberhaupt‹ ergibt sich für al-Gabarti aus den Machtverhältnissen, die er kannte.

Murad Bek war immer noch der offizielle Machthaber im Lande und alles was geschah, wurde ihm zugeschrieben.

Dieser geheimnisvolle Ausländer Nicola genoss das Leben in Ägypten wie ein Regierender, wurde stets wie ein Emir behandelt und unterhielt eigene Leibgarden aus griechischen Söldnern:

»*Dieser Nicola pflegte auf Pferden zu reiten und reiche Gewänder zu tragen und so durch die Straßen von Kairo zu ziehen, vor und hinter ihm Kawassen, die ihm den Weg öffneten, wo er durchgehen wollte, so wie Emire reiten. All dies waren seine eigenen Einfälle und Eingebungen.*«

Wer könnte sich wohl hinter dem Namen ›Nicola‹ verbergen, jener Ausländer, der offensichtlich im Hintergrund das eigentliche Geschehen im Lande steuerte, sich wie ein Emir benahm und noch über Murad Bek stand?

Die Auflösung ist mehr als verblüffend!

Ein echter Franzose sagt ›Pari‹ und nicht ›Paris‹, verschluckt also das ›s‹ am Ende des Wortes.

Nicola war also ein Franzose namens Nicolas.

Demnach ist es al-Gabarti gelungen, beim Übertragen des Namens ins Arabische exakt den richtigen Ton zu treffen.

Doch daraus ist immer noch keine Identifizierung erfolgt.

Für gewöhnlich ist Nicolas ein Vorname. Nirgends in der Chronik gab es einen dienlichen Hinweis darauf, woraus der Nachname abgeleitet werden konnte.

Doch die Chronik wartet mit einem anderen Hinweis auf, über den die Identität geklärt werden könnte.

Al-Gabarti, der selber diesem Phantom in Kairo mehrfach begegnete, bekundete, dass dieser ›reiche Gewänder‹ trug, also keine militärische Uniform. Allen Anschein nach war dieser also ein französischer Zivilist der besonderen Art.

Und auf der Liste der 150 Wissenschaftler und Denker, die Napoleon nach Ägypten begleiteten, gab es wohl nur einen, der hier in Frage käme: Nicolas Conté.

Dieser tauchte auf der Liste der Ägyptenexperten als ein Spezialist auf dem Gebiet der Ballonkriegsführung auf.

Doch Conté war alles andere als nur ein gewöhnlicher Kriegsmacher. Nur einer wie er wäre in der Lage gewesen, die moderne und gigantische industrielle Revolution, die in Gizeh und Umgebung so plötzlich ausbrach, zu planen, zu organisieren und deren Errichtung durchzuführen.

Das französische Universalgenie und Tausendsassa Nicolas Jacques Conté (1755–1805) war Maler, später Chemiker und Organisator der Schule und Werkstätten der militärischen Luftschiffstation von Meudon (1794). Er vervollkommnete die Lacke und das Material für die Fesselballone, erfand und baute in Ägypten Mühlen, befestigte optische Telegraphen an Ballonen, hydraulische Maschinen (von denen eine durch Ebbe und Flut bewegt wurde), ein Barometer von höchster Präzision, Maschinen für Textilwesen, die Landwirtschaft und zur Pulverfabrikation, künstliche Bruthennen, einen künstlichen Bleistift mit Graphitmine (1795) und eine Maschine zum Gravieren großer Kupferplatten. Und er baute im Dienste Frankreichs Schießpulverfabriken.

Seine umfangreichen Spezialgebiete umfassten also auch die Planung und Errichtung modernster und neuartiger Pulverfabrikationen.

Und genau das hat al-Gabarti mit seiner scharfen Beobachtungsgabe und seinem außergewöhnlichen Sinn für Details erkannt, als er über die entstandene Pulverfabriken in Ägypten meinte, sie seien ›anders (…) als jene, die es im Lande gab‹.

Nur so ein Universalgenie wie Conté war im Stande, im fernen Ägypten eine wahre industrielle Revolution nach europäischem Vorbild zu schaffen und zu organisieren.

Zugleich hatte er sozusagen uneingeschränkte Handlungsvollmacht vom französischen Direktorium, das ihm nach und nach den Aufstieg als den heimlichen, unumstrittenen Herrscher und Lenker in Ägypten ermöglichte.

Demnach war er lange Zeit vor der Ägypten-Expedition am Nil tätig. Conté war auch jener, der 1792 den Vorschlag machte, sich zur Beobachtung des Feindes des Heißluftballons zu bedienen, was auch im Krieg gegen die Österreicher und gegen den Prinzen von Coburg geschah – wenn auch mit wenig Erfolg.

Zudem soll er im Rahmen der Ägypten-Expedition mit einer Luftschifftruppe die Briten ausspioniert haben.

Auch wenn damals die Beobachtung des Feindes aus der Luft wohl als eine spektakuläre Revolution empfunden wurde, wurde diese moderne Kriegsführung – wie wir noch sehen werden – den Franzosen in Ägypten zum Verhängnis.

Keiner konnte wohl die Bedeutung Contés für die französische Nation besser beurteilen als Napoleon, der selber vor Ort in Ägypten seine Leistungen miterlebte und davon während der englischen Seeblockade profitierte.

Noch in der Verbannung auf St. Helena zollte er diesem Genie in den höchsten Tönen Lob: *»Er war in der Lage, das Können Frankreichs inmitten der arabischen Wüste zu erschaffen.«*

Das Know-how und die Spezialisten kamen also aus Frankreich. Und natürlich auch der schier unerschöpfliche Geldregen.

Die vielfältige Bevorzugung von Ausländern löste allerdings in Kairo schwere Konflikte aus. Auch das absonderliche Verhalten und die abnormen Aktivitäten des Murad Bek gaben den Menschen in Ägypten

Rätsel auf, die sich zudem den Kopf darüber zerbrachen, wieso er einem ungläubigen Ausländer wie Nicolas derartige Macht und Privilegien einräumte:

>>*Niemand weiß, warum er ihm* [Nicolas Conté] *solche Wertschätzung einräumte und aus welchem Grund er so viel Geld für Holz und Eisen ausgab und es mit den griechischen Christen hielt. Die Meinungen der Leute darüber gingen auseinander; manche sagten, es sei, weil er seine Altersgenossen (...) fürchtete; andere aus Angst vor den Osmanen, wie es schon vorher in der Sache des Hasan Pascha geschehen war, und noch andere dachten an noch andere Gründe. Jedenfalls aber diente es zu nichts außer zu solchen Vermutungen, leeren Hirngespinsten und Furcht.*<<*

Die Texte lassen den Schluss zu, dass diese ausländischen Gruppierungen im Hintergrund die Fäden der Macht in der Hand hielten und dort das politische Geschehen bestimmten, wo Murad Bek offiziell seinen Machtbereich innehatte.
Murad Bek war also eine Marionette, die nur noch als symbolisches Aushängeschild der Macht gegenüber den Ägyptern diente:

>>*Einst geschah es, dass zwischen einigen Leuten von der Kriegsmarine, die griechische Christen waren, und einigen Suq-Leuten aus Altkairo ein Streit ausbrach. Die Christen rotteten sich gegen die Leute der Stadt zusammen und kämpften gegen sie; sie töteten einige zwanzig Leute. Die Klagen wurden dem Emir überbracht. Er rief ihren Chef zu sich, doch dieser gehorchte ihm nicht und weigerte sich vor ihm zu erscheinen; er brachte die Kanonen auf den Schiffen in Stellung und drehte sie auf das Schloss hin. Es geschah ihm nichts, außer dass er ignoriert wurde und alles ohne weitere Störung vorüberging.*<<*

In Ägypten bestimmten nur noch die Ausländer das Geschehen. Sie genossen absolute Narrenfreiheit und standen offensichtlich über dem Gesetz. Wer einmal gegen sie aufmuckte, wurde kurzerhand auf offener Straße hingemetzelt.

So nahmen die Provokationen und Missstände allmählich überhand. Wut und Hass richteten sich nicht direkt gegen die Ausländer, sondern in erster Linie gegen jenen, der sie ›beschäftigt‹ und ins Land ›gebracht‹ hatte.

Die Folgen bleiben nicht aus.

Von den Osmanen angestachelt häuften sich Rebellionen und Zwischenfälle. Vor allem nahmen die Versuche rapide zu, den verhassten Emir zu beseitigen.

Da Murad Beks in Kairo allmählich als Gefährdet galt, mussten die Franzosen einen Weg finden, den Garanten ihrer Macht am Nil zu schützen.

Zunächst wurde er ständig abgeschirmt, hielt sich oft außerhalb der Stadtmauern auf und wechselte ständig seinen Wohnort:

»Murad Bek war meist mit seinen Freunden und Vergnügungen beschäftigt und verbrachte die meiste Zeit außerhalb der Stadt in dem Schloss, das er auf der Insel Rauda hatte errichten lassen; dann weilte er auf der Goldinsel und dann wieder im Schloss des Qaimaz.«

Bald erkannte man allerdings, dass keine Maßnahme mehr ausreichte, um mit letzter Gewissheit seine Sicherheit zu garantieren.

In jeder dunklen Ecke, jeder Mahlzeit lauerte der Tod.

Notgedrungen griffen die Franzosen zu einer außergewöhnlichen wie genialen Maßnahme:

»Murad Bek gefiel es, in Gizeh zu verweilen und dort seinen Wohnsitz zu nehmen. Sein Teufel flüsterte ihm ein, sich von seinen Mameluken und Gleichaltrigen zu isolieren und dem Ibrahim Bek die Regierungsgeschäfte, die Angelegenheiten der Diwane und der Entscheidungen der Vertreter des osmanischen Sultans zu überlassen, obgleich es so war, dass jener nie etwas ausführte, ohne ihn konsultiert und über seine Ansicht befragt zu haben. So

zog er sich aus allen Zusammenkünften mit den Leuten gänzlich zurück, sogar von den großen Emiren, die seinesgleichen waren (...) Der Held dieser Lebensbeschreibung verblieb ungefähr sechs Jahre lang ununterbrochen in seiner Isolierung auf dem westlichen Nilufer, ohne je auf das östliche überzusetzen, ohne zum Diwan zu gehen oder seine Kollegen zu besuchen.«

Um dem gefährdeten Emir die nötige Sicherheit zu geben, blieb den Franzosen irgendwann keine andere Wahl, als den Mameluken an einem Ort unterzubringen, zu dem kein Einheimischer Zutritt hatte und wo die Ausländer und Söldner unter sich waren: am Westufer des Nils in Gizeh.

Der ominöse Palast von Gizeh ist also kein Phantom, sondern eine französische Realität. Dort konnte der Emir weit weg vom aufgebrachten Volk wohnen und während er den verschwenderischen französischen Luxus voll auskostete, wartete er ab.

Doch worauf wartete er eigentlich?

Auch wenn es unglaublich erscheinen mag: Ab 1792 verweilte Murad Bek sechs Jahre lang in Gizeh, ohne ein einziges Mal sein Refugium zu verlassen.

Erst im Juli 1798 als die Franzosen auf dem Vormarsch in Richtung Gizeh waren, verließ er sein Domizil.

Dies verdeutlicht den Umstand, wie brenzlig für ihn die Situation in Kairo geworden war und wie die zahlreichen osmanischen und anderen Agenten die Hauptstadt zu einem der heißesten Pflaster dieser Erde werden ließen.

Während dieser Zeit gelang es ihm dennoch, die Geschicke des Landes weiterhin zu lenken.

Dann erwähnt al-Gabarti einen Vorfall während dieser Zeit, der verdeutlicht, wie der gesamte Gizeh-Bezirk und dessen Umgebung wirksam gegen Unbefugte abgeschottet waren: *»Wenn der Pascha, dem die Herrschaft über Ägypten anvertraut war, am Ufer von Imbaba anlangte, ritt er* (Murad Bek) *hin und begrüßte ihn zusammen mit seinen Emiren, dann kehrte er in sein Schloss zurück; später bekam er ihn nie wieder zu Gesicht.«*

Der Vertreter der Osmanen und der eigentliche Herrscher in Ägypten durfte nur bis zum Wachposten Imbaba reiten und dort wie ein Bittsteller auf die Ankunft von Murad Bek warten.

Der Vorstoß des Paschas ist erklärlich. Nachdem jahrelang keiner mehr Murad Bek zu Gesicht bekommen hatte, wollte er sich persönlich davon überzeugen, ob er überhaupt noch lebte.

Allein dieser Umstand verdeutlicht, welchen politischen Einfluss die Franzosen zu jener Zeit in Ägypten ausüben konnten und wie Gizeh vollständig ihrer Kontrolle unterlag.

Wie der Emir aus der Ferne seine Macht in der auf der anderen Nil Seite gelegenen Hauptstadt Kairo aufrechterhalten konnte, war denkbar einfach. Er ernannte einen Berber zum Wesir, der zu seinem Sprachrohr und Vertreter wurde:

»Er nahm sich einen Berber zum Wesir, der Ibrahim Kathoda as-Sinnari hieß; den machte er zu seinem Kathoda und Berater. Er erreichte eine solche Prominenz, und sein Wort war so einflussreich in Ägypten, wie es der größte Emir nicht erlangte.«

Warum ausgerechnet ein Berber, also ein Mann aus dem Maghreb?

Sie gehörten zu den engsten Verbündeten der Franzosen in Ägypten, die obendrein neben ihrer arabischen Muttersprache der französischen Sprache mächtig waren. Nur so konnte gewährleistet werden, dass die Anweisungen der Franzosen und das, was sich in Kairo abspielte unverfälscht wiedergegeben wurden.

Obwohl Murad Bek *»ein Übeltäter war, eigenmächtig und gewalttätig, überheblich eingebildet und großtuerisch«*, schien er sich dennoch in bester zivilisierter Gesellschaft zu befinden:

»Er liebte die Gesellschaft von beredten Zechgenossen, von Leuten mit Geschmack und Sprachfertigkeit, und behandelte sie freundlich; ihrer Gesellschaft und Anteilnahme wurde er nicht müde. Er war ein

Liebhaber des Schachspiels und suchte stets nach Kennern des Spiels.
Er liebte es auch, Musikanten und Gesang zuzuhören.«
Welch ein Lebenswandel!
Vom streuenden Mameluken zum Kulturfürsten.
Schließlich verlor Murad Bek den Bezug zur Realität, er fühlte sich als Sonnenkönig und brachte seinen Landsleuten nur noch Geringschätzung entgegen:

»Er hielt sich selbst für weit überlegen und sah sich als vielbedeutender an denn seine Kollegen und die Söhne seiner Rasse.«

In der Isolation verlor der Emir jegliche Bodenhaftung und schwebte in dem Schloss von Gizeh auf einer französischen Märchenwolke, die ihn seine eigene Herkunft vergessen ließ.
Doch Murad Bek war ein Herrscher auf Abruf, sein geduldetes Luxusleben war nichts als geborgte Zeit!
Dann mitten in seinem französischen Traum brach Napoleon mit seinen Soldaten wie ein plötzliches Gewitter über das Niltal her.
In Geschichtsbüchern und Annalen des Landes wird dann vermerkt, aus Gizeh brach der Emir Murad Bek mit einer Armee auf, um den europäischen Invasoren entgegenzutreten.
Niemand ahnte, dass die in Sichtweite der Pyramiden aufbrechende Armee und die mit Kriegsgerät und Fußsoldaten voll beladenen Schiffe in Wirklichkeit Eigentum jener Invasoren, die soeben in Alexandria gelandet waren. Und vor allem, der nun bei den Ägyptern als großer Volksheld gefeierte Murad Bek, auf dessen Befehl die Armee zu gehorchen schien, war in Wahrheit eine französische Schachfigur und deren Befehlsempfänger!
Wie passt dies wohl alles zusammen?

Abbildung 6
Portrait des Murad Bek

Dieses Portrait muss vor der Ägyptenexpedition erstellt worden sein und dürfte ein eindrucksvoller Beleg für die Richtigkeit von al-Gabartis Aussagen sein. Das Bild bestätigt ein interssantes Detail aus al-Gabartis Chronik: Der Palast, in dem der Emir hier verweilt, hat eine Aussicht auf den Nil und liegt in unmittelbarer Nähe des Flussufers. Der Kairoer Palast des Emirs in der Qausum Straße lag innerhalb der Stadtmauern und hatte keine Aussicht zum Nil. Demnach befand sich der Emir in dem Palast von Gizeh, wo er sich ununterbrochen unter französischer Aufsicht von 1792 bis 1798 aufhielt.

Während dieser Zeit hat man ihn also porträtiert, denn nach der französischen Landung in Alexandria hatte es keine Begegnung zwischen dem Emir und den Franzosen gegeben, bei der ein solches Portrait hätte angefertigt werden können. Vielmehr befand er sich stets auf der Flucht vor den Franzosen.

Abbildung 7
Portrait des Seyd Moustafa Pascha

Auch dieses Portrait muss etwa ein Jahr vor der Ägypten-Expedition in dem Palast
von Gise entstanden sein.

Diese Darstellung verrät ebenfalls einige interessante Details.

Entgegen Murad Bek trägt der Porträtierte ein Pelzmantel, ein Hinweis auf seine religiöse
Funktion und dass er Träger der Mufti-Würde war. Er ist also ein führender Geistlicher. Sein
Erscheinungsbild und die bandagierte rechte Hand, hinzu den verdunkelten Raum, sind
mögliche Hinweise darauf, dass er ein Brandunfall erlitten hat. Über einen Unfall weiß al-
Gabarti in Zusammenhang mit einem Haus zu berichten, welches ein Jahr vor Eintreffen der
Franzosen in deren Auftrag errichtet wurde: *Er hatte ihn reich geschmückt, große Geldsummen
dafür ausgegeben und ihn prachtvoll möbliert; doch als er ihn vollendet hatte und einziehen wollte,
ereignete sich jene Erschütterung.*

Am 24. Juli 1798 zieht Napoleon in dieses Haus ein.

6. Kapitel
Rahmaniya
Die verkannte Schlacht

Zu Füßen der Pyramiden von Gizeh sollte Ägypten einen schicksalhaften Schlag erleben, der dem Verlauf seiner Geschichte einen irreparablen Knick bescheren würde.

Kaum waren die Franzosen in Alexandria gelandet, schon war an diesem geschichtsträchtigen Ort in Gizeh eine unübersehbare Aufbruchstimmung zu beobachten. Tagelang war man auf dem Westufer damit beschäftigt, die Nilflotte mit Nachschub und Kriegsausrüstung randvoll zu beladen und für Soldatentransporte einzurichten.

Parallel dazu trommelten Murad Bek und seine beiden vertrauten Paschas aus der gesamten Umgebung eine beträchtliche Mameluken Einheit zusammen, deren Krieger mit fürstlichem Sold belohnt wurden.

Zum ersten Mal nach 6 Jahren verließ der Emir den Gizeh-Bezirk und stattete Ibrahim Bek einen Besuch ab:

»Murad Bek stieß aus Gizeh, wo er sich aufgehalten hatte, zu ihm (Ibrahim Bek).«

Dabei zeigte sich Murad Bek fest entschlossen, mit seinen Verbänden und engsten Vertrauten allein nach Norden aufzubrechen.

Nach dem Freitagsgebet *»brach Murad Bek auf. Er richtete sein Zelt und seinen Pavillon bei der Schwarzen Brücke (al-Gisr al-Aswad) auf und verweilte dort zwei Tage, bis das Heer und seine Abteilungen vollzählig waren. Mit ihm waren Ali Pascha at-Tarabulsi und Nasuh Pascha, seine engsten Vertrauten, die mit ihm in Gizeh wohnten.«*

Einer der Namen von Murad Beks Vertrauten, die bei ihm in der Verbannung in Gizeh verweilten, wird mit at-Tarabulsi angegeben.

Dieser Name bedeutet ›der Tripolitaner‹, also der, der aus Tripolis kommt. Somit führt die Spur auch hier zu einem wichtigen Verbündeten der Franzosen: El-Maghreb.

Al-Gabarti hat diese Landsleute erkannt, die sich mit anderen moslemischen Gruppen den Franzosen auf ihrem Feldzug angeschlossen hatten: »*Es waren auch Leute aus dem Maghreb darunter.*«

Diese beiden Paschas dürften also lange Jahre neben Ibrahim as-Sinnari jenes Bindeglied zwischen Murad Bek in Gizeh und seinem Palast in Kairo gewesen sein, die in seinem Namen die Staatsgeschäfte in Kairo ausübten.

Nachdem die Mameluken-Heere von Murad Bek marschbereit waren, schlossen sich ihnen auch andere an:

»*Er* (Murad Bek) *nahm eine große Menge Kanonen und Pulver mit und ritt mit seiner Kavallerietruppe über Land. Die Fußsoldaten jedoch, die* idasat, *die Matrosen* (qaljunija)*, die Kleinasier und Maghrebiner, fuhren auf dem Strom mit den kleinen Galonen, die der erwähnte Emir hatte bauen lassen.*«

Hier fällt auf, dass der Emir mit seinen Mameluken merkwürdigerweise über Land am Ufer ritt, während die Fremdlegionäre, obwohl zum größten Teil Fußsoldaten, in Galeonen auf dem Nil segelten.

Diese ungewöhnliche Marschanordnung lässt darauf schließen, dass diese ausländischen Soldaten auffällige Uniformen getragen haben, die eher einem französischen Stil entsprachen und deshalb auf Schiffen untergebracht werden mussten, um sie vor neugierigen Augen der Ägypter zu entziehen.

Der Aufbruch glich dann einer imposanten und farbenfrohen Prozession, bei der Murad Bek und seine Mameluken ihre prachtvollsten Trachten trugen.

Danach begannen die Galeonen die Häfen am Westufer nacheinander zu verlassen und in einer endlosen Linie den Nil nordwärts hin abzusegeln, eskortiert von den am Ufer staubaufwirbelnden Kavallerietruppen des Vasallen-Emirs.

Die Mameluken Reiter mit ihrem Imponiergehabe prägten die Szenerie entlang des Nilufers als die wichtigste Truppe dieses Krieges.

Sie zogen so die neugierigen Blicke auf sich, während die Nilflotte mit den Söldnern auf der Flussmitte zu einer Nebenerscheinung in den Hintergrund gedrängt wurden.

Schließlich entschwand die endlos scheinende Kolonne hinter dem Horizont.

Für den normalen Betrachter in Kairo auf dem Ostufer deutete alles darauf hin, dass sich Murad Bek auf dem Weg war, um gegen den Franzosen in den Kampf zu ziehen.

Doch wie hätte er dies bewerkstelligen können, wo er selber eine französische Marionette war, wo all die Kriegsschiffe und Galeonen, samt ihrer Bewaffnung und dem Kriegsgerät darauf von ausländischen Schiffbauern unter französischer Führung am Westufer des Nils erbaut wurden, ja selbst die Kriegsmatrosen sollen größten Teils griechische Christen gewesen sein?

Andererseits drängt sich nach all dem bisher Erwähnten die Frage auf, wie die Franzosen dazu kamen, die ›eigene‹ Flotte bei Rahmaniya und die von ihnen angeheuerten ausländischen Söldner so sorglos zu traktieren?

Wie passen all diese Widersprüchlichkeiten zusammen?

Die Erklärung hierfür ist frappierend.

Dabei ist die Lösung denkbar einfach, wenn man davon ausgeht, dass ein Kampf zwischen Murad Bek und der französischen Armee zu keiner Zeit auf dem Plan stand!

Das, was in Kairo nach außen hin für den Betrachter auf den ersten Blick als eine gewaltige und feierlich dekorierte Truppenbewegung zur Bekämpfung der fremden Invasoren aussah, sollte in Wahrheit außerhalb der Sichtweite der Hauptstadt und auf halbem Weg in einen Zusammenschluss mit der französischen Armee münden.

Doch es kommt völlig anders!

Von Alexandria aus waren zunächst Teile der französischen Truppen entlang dem alexandrinischen Kanal in südöstlicher Richtung marschiert und wurden dabei von Transportschiffen für Verpflegung und Munition begleitet, die wegen der Beschaffenheit des Kanals nur eine bestimmte Größe haben durften. Zugleich segelten mehrere Galeonen Formationen aus dem Hafen von Rosette in südlicher Richtung. Eine dieser Galeonen, eher eine Barke, war orientalisch geschmückt. Auf den Mastspitzen wehten neben französischen Flaggen auch die Halbmond-Standarte mit religiösen arabischen Aufschriften.

Diese Barke war die schwimmende Kommandozentrale Napoleons.

Treffpunkt war das ca. 30 Kilometer südöstlich von Alexandria gelegene Dorf Rahmaniya, das genau dort lag, wo der alexandrinische Kanal vom Rosette Arm des Nildeltas abzweigt.

Die meisten Bewohner waren wie bei den anderen Ortschaften zuvor vor dem Eintreffen der Franzosen in benachbarte Dörfer geflohen.

An diesem strategischen Knotenpunkt machten die Franzosen halt, richteten sich auf einen Zwischenaufenthalt ein.

Rahmaniya ist auch jener Ort, den der Emir Murad Bek mit seiner Kolonne ansteuerte. Diese nach Norden ziehende Kolonne ist der Hauptgrund, warum die Franzosen nach der Landung nicht gleich Richtung Kairo marschierten. Napoleon war auf seine kampferprobte Truppe angewiesen, um die gesteckten militärischen Ziele in Ägypten und dem Nahen Osten rasch durchzusetzen.

Aus dem Grund sollten Teile die im Land befindlichen ausländischen Söldner in die strategisch wichtigen Hafenstädte nachrücken, um den in das Innere des Landes vorstoßenden französischen Truppen Rückendeckung zu gewähren.

So musste Napoleon keine großen Verbände am Küstenstreifen zurücklassen, die für den weiteren Verlauf der Expedition benötigt worden wären.

Auch die Flotte in Abukir wartete auf spezielle Kriegsschiffe der Nilflotte, vor allem auf die leicht in Küstennähe operierenden Galeonen, ebnen so die begleitenden Munitionstransporter und die Schiffe mit den Fußsoldaten.

Und vor allem wartete sie auf eine in Ägypten entwickelte Wunderwaffe, die Napoleon später in einem Schreiben an die Kairoer erwähnte.

Erst wenn die Vereinigung der beiden Flotten vollzogen worden wäre, hätten die geballte französische Marine zu Wasser und Teile der maghrebinischen Einheiten zu Land ihren Vorstoß entlang der Küste Richtung Osten fortgesetzt, um am Ende die strategischen Hafenfestungen Jaffa und Akkon einzunehmen- das Tor zum Orient.

Dort hatten die Franzosen, wie einst die Hellenen auf Alexander, darauf gewartet, bis Napoleon in Ägypten zum absoluten Herrscher gekrönt wurde und einen französischen Stadthalter in Kairo ernennt, um sich dann mit seiner Armee in einem Triumphzug auf dem Weg nach Akkon zu begeben, wo ihm seine Verbündeten und Soldaten einen berauschenden Empfang bereitet hätten.

Von dort aus wäre die nächste Station Damaskus gewesen und das Tor nach Indien wäre endgültig weit aufgestoßen worden.

In diesem globalen Plan fiel Murad Bek eine Schlüsselrolle zu.

Zunächst sollte er die mit Soldaten und Kriegsausrüstung beladene Nilflotte abschirmend bis zum Treffpunkt Rahmaniya sicher führen und dann, nach ihrer Vereinigung und Aufgabenverteilung, Napoleon und die Seinigen nach dem gleichen Prinzip am Ufer abschirmend bis nach Imbaba zurück zu begleiten, wo kurz darauf der Franzose in seiner Residenz in Gizeh im Schatten der großen Pyramiden von der französischen Kolonie wie ein auferstandener Pharao mit frenetischem Jubel empfangen werden sollte.

Murad Bek und die ihm unterstellten Mameluken Verbände waren die einzigen Garanten dafür, dass Napoleon in dem ihm inzwischen feindlich gesonnenen Land – ohne einen einzigen Schuss abzugeben – Schritt für Schritt die Herrschaft über den ägyptischen Staat hätte übernehmen können.

Mit Murad Beks erfolgreicher Mitwirkung an diesem Plan hätte die spätere Schlacht bei den Pyramiden niemals stattgefunden.

Und mit der Nilflotte mit all den Vorräten und Kriegsausrüstung haben wir einen plausiblen Grund dafür, warum die französische Flotte in der ungesicherten Bucht von Abukir ankerte.

Doch der kühne und geheime ägyptisch-französische Vereinigungsplan mündete verhängnisvoll.

Was keiner ahnte, auch diesen auf ägyptischen Boden sorgfältig ausgearbeiteten Geheimplan wurde von demselben Hochverräter in den Reihen der französischen Exekutive verraten.

Kein Spion vor Ort hatte je auch im Ansatz die Ziele des von Murad Bek entfesselte Abläufe durchschauen können, noch erahnen, dass sein Aufmarsch gegen die Franzosen nur vorgetäuscht war.

Die aufbrechenden Gruppen, von denen viele Ausländer waren, waren seit langem von Kollaborateuren unterwandert, die der Hohen Pforte direkt unterstellt waren, die ihrerseits mit den in der Region seit langen aktiven Engländern eng kooperierte.

Auch einige der von Murad Bek kurz vor seinem Aufmarsch rekrutierten Mameluken waren feindliche Agenten.

Sie alle hatten einen gemeinsamen Auftrag, eines der wohl kühnsten Husarenstücke zu verrichten.

Gewiss, die Kollaborateure hätten jederzeit während dem Bau der Flotte oder als sie bei Gizeh am Nilufer ankerte zuschlagen können. Doch dies hätte lediglich einen kurzfristigen materiellen Schaden verursacht, die politisch angestrebte Wirkung wäre aber bei weiten verfehlt worden.

Während des Aufmarschs am Nil waren die Saboteure in der Nähe oder auf den ›begehrtesten‹ Schiffen positioniert, die randvoll mit Munition und Pulver beladen waren.

Dabei sollten die Verschwörer nach einem Plan vorgehen, bei dem es ausschließlich auf ein äußerst präzises ›Timing‹ ankam.

Aufgrund der schwierigen Lage in Kairo und der zu bewältigenden Logistik, war Murad Bek zu seiner Mission mit Verspätung gestartet, während dessen harrten Napoleon und seine Armee ungeduldig in Rahmaniya aus.

Es ist Freitag, dem 13 Juli 1798.

Die majestätische Sonnenscheibe Ägyptens ging an diesem Tag in gewohnter Erhabenheit auf, ihre rötlichen Strahlen widerspiegelten sich auf der Oberfläche des Wassers, ließ den Fluss in Purpurrot erstrahlen.

Dann begingen die Franzosen einen folgenschweren Fehler.

Aufgrund der ominösen Ereignisse bei der Landung in Alexandria waren die Invasoren sensibilisiert und vorgewarnt, ja notorisch misstrauisch geworden. Alles was um sie geschah, wurde mit äußerst kritischen Augen betrachtet.

Aus diesem Grund griffen sie auf eine militärische Neuheit zurück.

Wie die Tage zuvor, so ließen sie auch an diesem Tag in verschiedenen Abständen mehrere an langen Leinen vom Boden aus gesteuerten Heißluftballons mit uniformierter Besatzung in die Luft aufsteigen.

Aus der Höhe sollte die Ankunft des Mameluken Emirs und der Flotte rechtzeitig erspäht werden.

Eine militärische Hightech-Demonstration mit katastrophalen Folgen!

Irgendwann erblickten die Kundschafter aus der Höhe die endlose Kolonne am Horizont und signalisierten per Flagge die entsprechende Nachricht.

Fortan herrschte am Boden reges Treiben.

Rechtzeitig wurde Napoleon von einem Adjutanten informiert.

Kurz darauf stand er an einer geeigneten Stelle und betrachtete durch sein Fernrohr die imposante Prozession, die in der Ferne auf ihn zurollte.

Ein historischer Augenblick von großer Tragweite für Ägypten und die ganze Welt stand unmittelbar bevor.

Dann zog sich Napoleon auf seine Barke zurück und ließ für den erwarteten Emir alles Erdenkliche zum Empfang vorbereiten.

Inzwischen waren die Mameluken nah genug, um mit bloßen Augen die am Himmel schwebenden Gebilde zu erkennen.

Kurz darauf wurden die Details immer deutlicher: Wahrhaftig schwebten dort lebendige Gestalten in einem flügellosen Ungetüm durch die Lüfte.

Noch nie hatten die Mameluken derartiges gesehen und noch nie hatten ihre Augen eine solche Himmelserscheinung erblickt.

Verwirrung und Ratlosigkeit machten sich allmählich breit.

Die Unruhe nahm dann zu, als auf den fliegenden Objekten, deren Spitze ein Halbmond schmückte, in riesiger arabischer Schrift ›allahu akbar‹ gesichtet wurde.

Der Himmel hat sich wohl geöffnet!

Waren das die Vorzeichen, die der seit langer geweissagter Ankunft des Mahdis vorausgingen, der dem Islam Stärke und Stabilität bringen soll, und war dies etwa das Reittier Borak, auf dem einst der Prophet Mohammed auf dem heiligen Stein von Jerusalem entführt wurde?

Sollte sich an diesem „heiligen Freitag" der Furkan vollziehen, an dem die Menschheit von ihren sündigen Leben befreit wird?

Sind dies womöglich die Vorzeichen, die in der 25. Sure verkündet werden:

» (26) An diesem Tage wird sich der Himmel samt den Wolken spalten, und die Engel werden hinabsteigen. (27) An diesem Tage wird die Herrschaft in Wahrheit allein in den Händen des Allbarmherzigen und dieser Tag für die Ungläubigen schrecklich sein.«

Wenn ja, dann würden den Gläubigen stürmische Tage bevorstehen. Gemäß einiger islamischer Traditionen ist nämlich die Ankunft des Mahdis mit den letzten Tagen auf Erden eng verflochten.

Stand die Welt also unmittelbar vor Vollzug des jüngsten Tages, worauf Tyrannei und Unterdrückung beendet und Billigkeit und Gerechtigkeit folgen wird?

Und die mutigen Reiterkrieger steigerten sich immer mehr in den Wahn religiöser Ohnmacht bis hin zur kollektiven Hysterie.

Einige stiegen aus ihren Sätteln und verneigten sich in hastiger Bewegung betend zu Boden, während andere ihre Hände gen Himmel reckten und in ihrer Verwirrung Zuflucht in verzweifelten ›Allahu Akbar‹-Rufen suchten.

Dann geschah etwas, das die ohnehin knisternde Szenerie zum Erglühen brachte und das apokalyptische Ende der Tage lebendig werden ließ: Eine Serie von ohrenbetäubenden Detonationen riss die Mameluken aus ihrer religiösen Vergeistigung.

Weit hinter ihnen explodierten Schiffe, andere gingen in Flammen auf.

Die Hölle hatte wahrlich ihre Pforten geöffnet!

Was war geschehen?

Als die vordersten Reihen der Mameluken fast die der Franzosen berührten und die Verwirrung ihren Höhepunkt erreichte, schlugen in den hinteren Linien die Kollaborateure zu. Sie warfen Brandbomben auf bestimmte Schiffe, die sie während des langen Ritts bereits ausgespäht hatten:

»(...) *die Schiffe des Murad Bek verbrannten mit allen Pulvervorräten und allem Kriegsgerät, das darauf war. Der Chef der Artillerie, Halil Kurdli, verbrannte mit ihnen (...) und das Schiff verbrannte mit allen Kämpfern, die darauf waren (...); sie flogen in die Luft.*«

Kurdli, Chef der Artillerie, hatte nicht den Hauch einer Chance, auf die völlig unerwarteten Anschläge zu reagieren.

Murad Bek, wie bereits berichtet, nicht gerade der Furchtloseste, glaubte nun an ein französisches Komplott, das in erster Linie seinem Leben galt:

»*Als Murad Bek dies sah, erfasste ihn ein Schrecken, und er wandte sich geschlagen zur Flucht. Er ließ das schwere Gerät und die Kanonen zurück, und die Soldaten folgten ihm. Die Fußsoldaten der übrigen Schiffe stiegen aus und kehrten nach Kairo zurück.*«

Was dann als Folge von Panik, Furcht und Hilflosigkeit vor den Augen der verdutzten Franzosen geschah, entzieht sich völlig unserer heutigen Vorstellungskraft.

Die tapfersten und waghalsigsten Kämpfer ihrer Zeit verwandelten sich im wahrsten Sinne des Wortes von einer Minute auf die andere in verängstigte, erschrockene Hasenfüße, die fluchtartig nur noch der ›Hölle‹ zu entkommen suchten.

Zur gleichen Zeit spielten sich dramatische Szenen auf dem Fluss ab, die die aufgeheizte Atmosphäre zu immer neuen Höhepunkten aufpeitschte.

Zerfetzte und brennende Schiffe sowie unzählige Leichen trieben auf dem Wasser, ganze Schiffsbesatzungen warfen sich rettend ins Wasser und selbst Soldaten in den noch vielen unbeschädigten Schiffen wurden von Panik erfasst und ergriffen kopflos die Flucht über das nasse Element, von denen viele ertranken.

Die einzelnen Phasen des Geschehens verliefen in einer solch rasanten Abfolge, dass niemand am Ort des Geschehens in der Lage war zu begreifen, wo und was sich wirklich an diesem Tag abspielte und welche Kräfte dies alles ausgelöst hatten.

Die Gegenreaktion ließ nicht lange auf sich warten.

Die Franzosen vermuteten ihrerseits eine hinterhältige Falle, die zum Glück zu früh zuschnappte.

Und was konnte es dafür einen besseren Beweis geben, als die vom Ort des Geschehens wegrasende Horde der Mameluken?

Wutentbrannt erteilte Napoleon den Befehl, den ›niederträchtigen‹ Mameluken nachzustellen. Wie auf frischer Tat erwischte Diebe flohen sie panikartig in alle Himmelsrichtungen, viele wurden von mehreren Kavallerieverbänden der Franzosen verfolgt, aufgerieben und erbarmungslos massakriert. Unter den Söldnern auf den Schiffen, die keine andere Möglichkeit hatten, als zu Fuß zu flüchten, waren die meisten Opfer zu beklagen.

Innerhalb weniger als einer Stunde bot Rahmaniya ein apokalyptisches Szenario, und kein Überlebender sollte je im Stande sein, es aus seinem Gedächtnis zu verbannen. Soweit das Auge reichte war die Gegend mit über 15.000 niedergemetzelten und in ihrem Blut ertrinkenden Kriegern übersät, als habe erneut die 1. biblische Plage über das Niltal gewütet.

Die militärische Hochzeit zwischen Murad Bek und Napoleon, mit der eine neue historische wie politische Epoche in der ganzen Region eingeläutet werden sollte, endete mit der **Zerschlagung der eigenen** französischen Orientarmee.

Die Schlacht um die französische Weltherrschaft war somit in diesem unbedeutsamen Fellachen Dorf bereits entschieden.

Alle mit der Ägypten-Expedition verknüpften weltlichen Ziele – einschließlich Napoleons großem Traum von der Herrschaft über Ägypten, die Einnahme Jaffa und Akkon und den Einmarsch in Syrien, waren nun unwiederbringlich zerplatzt.

Zugleich hinterließ der Vorfall von Rahmaniya bei Napoleon geschichtlich gesehen einen ›blinden Fleck‹, wodurch einiges in seinem Leben wie ein unbegreifliches Rätsel erscheint.

Was an diesem Tag geschah, hat er nie begriffen.

Auch die Verschwörer haben an diesem denkwürdigen Freitag ein grundlegendes Ziel erreicht. Neben der Zerschlagung der französischen Orientarmee wurde an diesem Tag endgültig der Grundstein für die angestrebte Feindseligkeit zwischen Napoleon und der islamischen Welt gelegt.

Doch mit Rahmaniya ist Napoleons Orientdrama längst noch nicht zu Ende.

Die Kulisse am Nil hält für uns ein weiteres makabres Schauspiel parat, als würde die Ägypten-Expedition wie nach einem Drehbuch Schlag auf Schlag präzise ablaufen.

Ausgerechnet in Gizeh, im westlichen Totenreich der Pharaonen, sollte Napoleon einen grandiosen Höhepunkt erleben, den er nicht einmal in seinen kühnsten Träumen erwartet hatte.

Ein Traum, den der Franzose nie aus dem Gedächtnis verlieren wird und dem er mit folgendem Satz auf Saint Helena nachtrauern sollte:

»Die Zeit, die ich in Ägypten zubrachte, war die schönste meines Lebens, weil sie die idealste war.«

Die Schlacht von Rahmaniya sollte nun ihre dunklen Schatten nach Kairo voraus werfen:

»Die Fußsoldaten der übrigen Schiffe stiegen aus und kehrten nach Kairo zurück.«

Als diese armen verstörten Geschöpfe einer nach dem anderen durch die Tore der Stadt eintrudelten, reichte allein ihr erbärmlicher Anblick, um die Einheimischen in Angst und Schrecken zu versetzen.

Am ganzen Körper zitternd wie verschreckte Tiere, begann bald jeder seine eigene Version des Grauens zu schildern und die seltsamsten Geschichten über fliegende Engel, seltsame Krieger und unsichtbare Kräfte zu spinnen, die Schiffe und Menschen in ein Flammenmeer verwandelten, wie sich die Pforten der Hölle in Rahmaniya öffneten. Und all das konnte schließlich nur noch in eine Wahnvorstellung münden: Der Anführer der himmlischen Blauuniformierten, Napoleon, sei Allahs Prophet, dessen Kommen nach manchen islamischen Lehren erwartet wurde.

Und allmählich wurde Kairo von einer kollektiven religiösen Hysterie erfasst:

»Berichte über diese Ereignisse gelangten nach Kairo und die Leute wurden immer unruhiger. Ibrahim Bek ritt zum Ufer von Bulaq, der Pascha, die Gelehrten und die Würdenträger der Stadt stellten sich ebenfalls ein und berieten über dieses bedeutungsvolle Ereignis. (…) Die Gelehrten hatten sich seit

dem Auszug Murad Beks jeden Tag in der Azhar-Moschee versammelt und in Buhari gelesen so wie andere Gebete gesprochen; ebenso die Scheichs der Derwische der Ahmadija, der Rifa'ija, der Barahima, der Qadirija, derSa'dija sowie anderer Orden und Gottesmänner. Sie hielten Zusammenkünfte in der Azhar; sogar die Kinder in den Schulen rezitierten den Namen des Allgütigen und Seine anderen Namen.«

Kairo in höchsten religiösen Aufruhr!

Der Hinweis ›im Buhari gelesen‹ verrät unmissverständlich, welche Thematik im Mittelpunkt der Nachforschungen der islamischen Gelehrten gestanden haben muss; die Ankunft des erwarteten ›Gottesboten‹.

Bei al-Bukhari handelt es sich um die bedeutendste Sammlung der sunnitischen Traditionen, deren Verfasser al-Bukhari im Jahre 810 n. Chr. in Buchara geboren wurde und um 870 n.Chr. in dem Dorf Khartang bei Samarkand in Mittelasien verstarb.

Seine Sammlung umfasst mehr als siebentausend Überlieferungen der Taten und Aussprüche des Propheten Mohammed, in denen auch Auskunft über den erwarteten Mahdi gegeben wird.

Alle religiösen Strömungen und Glaubensrichtungen waren nun vereint und hatten nur noch eines im Sinn, nämlich die Frage zu klären, welche Bedeutung die eingetretenen Ereignisse hatten und was in der überlieferten Tradition über die Ankunft des Mahdi geschrieben stand; welche Vorzeichen ihm vorausgehen und vor allem wann die Zeit dafür erfüllt sein sollte.

Auch die Notabeln der Stadt, das Volk auf der Straße und in den Suks, hatten an jeder Ecke, jeder Nische nur noch einen Gesprächsstoff, nämlich bis zur Erschöpfung über die Ereignisse zu fachsimpeln, um am Ende in noch mehr Ratlosigkeit und Ohnmacht zu verfallen.

Selbst die Kinder in den Schulen wurden von dem religiösen Irrsinn erfasst und eiferten den Erwachsenen nach.

Sie rezitierten die 99 Namen Gottes – ein Hinweis auf höchste religiöse Not – und riefen verzweifelt nach göttlichem Beistand. Endlose Diskussionen in al-Azhar und Nachforschungen in den alten Schriften des al-Bukhari führten schließlich unter den islamischen Gelehrten zu der unerschütterlichen Überzeugung, dass die in Alexandria Erschienenen alles andere als Gottesgesandte sein konnten.

Denn egal welche Wunder sich auf ägyptischem Boden ereignet haben und noch ereignen würden, die Gelehrten waren sich darüber einig, dass nach islamischer Tradition ein *Frangi* (Franzose) aus dem Herzen Europas niemals ein Gesandter Gottes sein konnte, geschweige denn Allahs Prophet und Mohammeds Nachfolger.

Nach al-Bukhari und anderen Traditionen soll der Prophet Mohammed nämlich über den Mahdi eindeutige Aussagen gemacht haben:

»Die Welt wird nicht zu Ende gehen, ehe nicht ein Mann meines Stammes und meines Namens der Herrscher Arabiens gewesen ist.«

Der Mahdi wird also aus Arabien und nicht aus Europa stammen.

Napoleon war also für die islamische Fachwelt ein Betrüger und falscher Prophet!

Dennoch, die islamischen Gelehrten konnten sich bis ans Ende der Tage mühen, ihre Aufklärungen und Beschwörungen prallten ungehört an dem verängstigten und verwirrten Volk ab.

Die tausend gespenstischen Geschichten, die die Überlebenden von Rahmaniya in ihrem traumatisierten Zustand ständig wiederholten, waren überzeugender und wirkungsvoller als alle koranischen Verse und imamischen Beteuerungen.

Und allmählich brach in Kairo die Hölle los.

Die Stadt, in der die Menschen wenige Wochen zuvor noch völlig in Frieden dem gewohnten und fröhlichen Leben nachgegangen waren, entwickelte sich immer mehr zu einer tickenden Zeitbombe.

Ein Heißluftballon, hinzu etwas Sabotage zum richtigen Zeitpunkt reichten aus, um eine selbstzerstörerische kollektive Reaktion auszulösen, die letztlich und ausschließlich daraus resultierte, dass die naive religiöse Vorstellung dieser Menschen sie dazu verleitete, an Wunder zu glauben und alles Unerklärliche mit Gott und seinem Willen in Verbindung zu bringen. Und all das fand wenige Tage später in Kairo nach demselben Muster seine Fortsetzung.

Denn das, was sich in Kairo unaufhaltsam zusammenbraute, ebnete den Weg für den zweiten Akt des napoleonischen Dramas, an dem die ägyptische Gesellschaft endgültig und unwiederbringlich zerbrechen sollte.

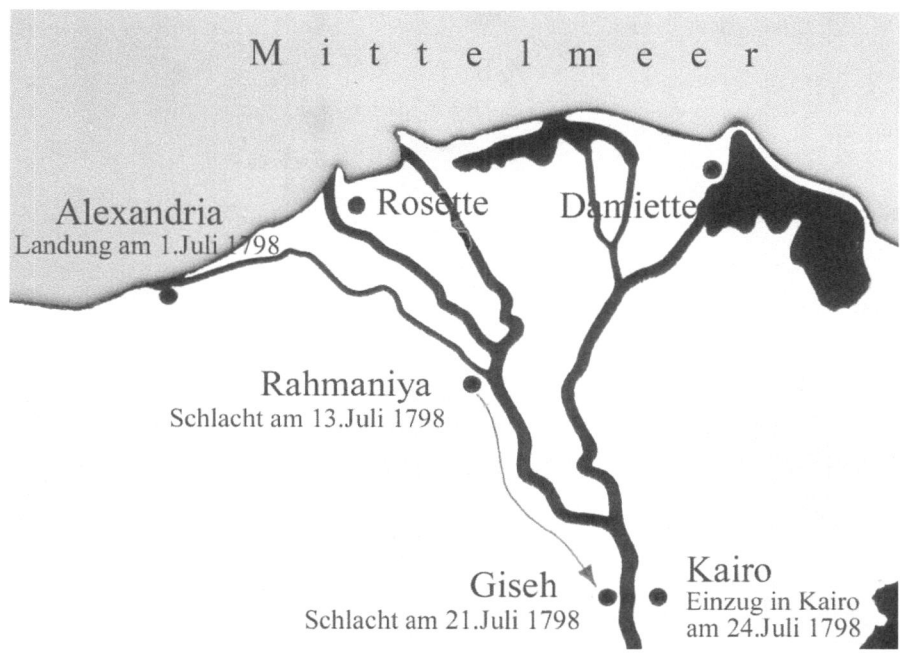

Abbildung 8
Das Dorf Rahmaniya

Hier in der Nähe dieses unscheinbaren Dorfes wurde Weltgeschichte entschieden,
und hier liegt der ›blinde Fleck‹, der Napoleons Lebenslauf zu einem Rätsel machte,
ihm aber auch einen völlig anderen Verlauf gegeben hat.

Als er anschließend auf Gizeh zumarschierte, ahnte er nicht, dass nach dieser
skurrilen Schlacht in Rahmaniya sein Traum von einem orientalischen Weltreich
nach dem Vorbild Alexanders des Großen bereits wie eine Seifenblase zerplatzt war.
Egal, was er nun in Ägypten unternahm, die Zeichen standen

unumgänglich auf Misserfolg.

7. Kapitel
Charles Desaix
Der Schlächter von Gizeh

Geschichte ernährt sich von der Wahrheit, Fanatismus und falscher Patriotismus von der Lüge.

Über Napoleon wird erzählt, dass er einst während der Schlacht bei Arcole die Fahne ergriff, die ihrem zuvor tödlich getroffenen Träger entglitten war, und dass er auf die Brücke stürmte, seinen zögernden Soldaten unerschrocken voraus.

Soweit die Legende.

Die historische Wahrheit ist aber von all dem weit entfernt.

In Wirklichkeit war Napoleon während des Kampfgetümmels von der Brücke abgestürzt und wäre beinahe im Sumpf recht ruhmlos untergegangen, hätte ihn nicht ein Adjutant im letzten Augenblick gerettet!

Die Geschichtsverdreher, zu allen historischen Epochen hindurch um jeden Herrscher zu Scharen versammelt, malten von Napoleon mitunter eine Fassade des Heroismus und der Übermenschlichkeit, deren charakteristische Züge denen verblüffend nahekommen, mit denen der Makedonier Alexander aus dem Dunkel der Geschichte hervortrat.

Doch immer dann, wenn es uns gelingt, mit kritischen Augen hinter die historischen Kulissen zu schauen, lässt sich oft feststellen, dass Heldentum und Ruhm ausschließlich dem Sieger vorbehalten sind.

Kaum ist der mörderische Dunst auf dem Schlachtfeld verzogen, schon wird er uns fantasievoll in heroischer Pose entgegentreten, während der am Boden verblutende Unterlegene samt seinen Wahrheiten aus der Geschichte getilgt wird.

Von nun an gibt es für die Nachwelt nur noch die eine Wahrheit: die des Siegers.

Würde man zuweilen nationalistische Voreingenommenheit beiseite-schieben, die Helden von erdichtetem Ruhm entblößen, treten sie uns als gewöhnliche Menschen entgegen.

Dies alles trifft vor allem auf Napoleons glanzvollen Sieg bei Gizeh zu.

Wenige Tage nach der Schlacht von Rahmaniya glich Kairo immer mehr einem brodelnden Hexenkessel, der mit jeder Sekunde einer Explosion näher rückte.

Von Rahmaniya aus benötigten die Franzosen gut fünf Tage, um die Vororte von Kairo zu erreichen.

Und doch reichte diese Zeitspanne aus, um eine intakte Nation mit all ihren im Verlauf von Jahrhunderten großartig erworbenen gesellschaftlichen und kulturellen Errungenschaften unwiederbringlich zum Einsturz zu bringen.

Nach dem Desaster von Rahmaniya zeigte sich der verwirrte Murad Bek nun fest entschlossen, die ›hinterhältigen‹ Franzosen mit allen Mitteln zu bekämpfen.

Und die ehemaligen französischen Söldner in Gizeh und die, die das Massaker überlebt hatten, waren ebenfalls bereit, dem blonden Emir in den Kampf gegen Napoleon zu folgen.

Dabei ruhte die Last der Schlacht zunächst ausschließlich auf Murad Bek, auf dessen Nil Seite die Franzosen marschierten, die die französischen Kolonien auf dem Westufer fest im Visier hatten.

Auch hier lässt sich aus al-Gabartis Zeilen wiederholt ein eigenartiges Handeln herauslesen.

Das Verhalten des anderen Emir Ibrahim Beks auf der anderen Nil Seite lässt daraus schließen, dass er aus irgendeinem Grund immer noch fest daran glaubte, die Franzosen würden keinesfalls die Gelegenheit bekommen, einen Fuß auf Kairo zu setzen.

Innerhalb der Stadtmauern wurden nämlich kaum Maßnahmen ergriffen, um die Verteidigung Kairos der aktuellen Situation anzupassen.

Dort blieb alles in demselben maroden Zustand, so als ob die Kairoer Machthaber von all dem Geschehen um sie herum nichts mitbekommen hätten.

Al-Gabarti bemängelte dieses Verhalten und wunderte sich zugleich darüber, wieso die Regierenden ihre Soldaten um sich versammelten und an Ort und Stelle ausharrten, statt den Franzosen entgegenzureiten und immer wieder in zermürbende Kampfhandlungen zu verwickeln, bevor sie Kairo erreichten:

»Jeden Tag gab es mehr Gerüchte darüber, wie nahe die Franzosen an Kairo herangelangt seien; doch die Ansichten der Leute darüber, aus welcher Richtung man sie zu erwarten habe, widersprachen sich. Manche sagten, sie kämen von der westlichen Wüste her; andere, nein, aus der östlichen; und noch andere: vielmehr von beiden Seiten. Dies war die Lage; doch keinem von den Befehlshabern oder Soldaten kam es in den Sinn, Späher oder eine Vorhut auszuschicken, die sie in einen Kampf verwickeln würde, bevor sie nach Kairo oder in die unmittelbare Nähe der Stadt gelangten und bevor sie Gelegenheit erhielten, Kairo zu vernichten.«

Der Chronist hatte nicht ahnen können, dass dies zum festen Plan der Verschwörer gehörte.

Ihr militärisches Vorgehen war ganz und gar auf den Hinterhalt gerichtet, so wie es schon von Anfang an der Fall war.

Murad Bek ließ an dem Vorort Imbaba, dem nördlichsten militärischen Vorposten der französischen Enklave Gizeh, gut getarnte Barrikaden errichten, hinter denen eine beträchtliche Anzahl an Kanonen platziert worden war:

»Am Montag begab sich Murad Bek auf das offene Land von Imbaba und machte sich daran, dort Hindernisse aufzurichten, die sich bis nach Bastil *erstreckten. Er selbst leitete die Arbeiten zusammen mit seinen Sangaqs und Emiren und mit einer Gruppe seiner gleichaltrigen Mameluken Gefährten.«*

Er und seine treuen Paschas sind mit den Gegebenheiten in Gizeh und Umgebung bestens vertraut. Sie kümmern sich persönlich um das Ganze:

»Er (Murad Bek) *war persönlich bemüht, all dies zu organisieren und zu leiten, zusammen mit Ali Pascha al-Tarabulsi und Nasuh Pascha.«*

Zu den Paradoxien, die dort nun geschahen, gehörte auch, dass selbst modernste französische Rüstungen gegen ihre eigentlichen Eigentümer eingesetzt und in Stellung gebracht wurden:

»Man brachte große Schiffe sowie Galeonen, die er in Gizeh hatte bauen lassen. Sie wurden ans Ufer von Imbaba verbracht und mit Soldaten und Kanonen beladen.«

Hier erfahren wir, dass einige der Schiffe und Galeonen der Nilflotte noch vor Gizeh ankerten.
Doch wozu?
Dieser Teil der Flotte, ursprünglich mit allen möglichen und farbenfrohen Fahnen geschmückt, sollte die Ankunft Napoleons in Gizeh feierlich begleiten und zugleich bis zu deren Ankunft die Westseite zu Wasser absichern.
Am Ort des Geschehens, aber auch auf der anderen Seite des Nilufers, herrschte zunehmend chaotisches Menschengedränge, das einer Völkerwanderung gleichkam:

»Das östliche und das westliche Ufer waren voll von Soldaten, Verschanzungen, Pferde und Fußvolk.«
Am Dienstag den 17. Juli wurden der Ausnahmezustand und die Mobilmachung ausgerufen.

Eine Art Bürgerwehr sollte organisiert werden, wobei die Bevölkerung sich nicht nur zum Kampf bereithalten, sondern auch für Unterhalt und Verpflegung der Soldaten sorgen sollte:

»Am Dienstag rief man zum allgemeinen Kampf auf und befahl der Bevölkerung, zu den Barrikaden zu ziehen. Es wurde angeordnet, dass die Ausrufer dies jeden Tag tun sollten. Die Leute schlossen ihre Läden und die Suqs ab, und alle zogen aufs Land vor Bulaq hinaus. Jede Handwerkerzunft hatte Geld gesammelt. Man errichtete Zelte für sie oder wies ihnen in Ruinen oder Moscheen Kriegsstationen an; man gewährte ihnen auch einen Sold, den sie für das ausgeben konnten, was sie brauchten, und zwar von dem Geld, das einige von ihnen zusammengebracht hatten.«

Unter den Verteidigern fanden sich nun auch jene wieder, die in Gizeh von den Franzosen als Soldaten ausgebildet worden waren; die Maghrebiner und andere Söldner:

»Manche Leute nahmen es freiwillig auf sich, für andere aufzukommen. Es gab solche, die eine ganze Gruppe Maghrebinern oder Syrern mit Waffen, Essen und ähnlichem ausstatteten, so dass alle Leute sich nach Kräften bemühten und taten, was sie vermochten, und durchzuhalten konnten, und was ihre Herzen ihnen an Reichtümern auszugeben erlaubten.«

Die Maghrebiner und Syrer, der Kern der islamischen Einheiten, mit deren Hilfe Napoleon seine politischen Ziele in Ägypten und später Syrien durchzusetzen beabsichtigte, befanden sich nun in der veränderten Kriegslage gegen ihn vereint.
Doch, als ob das Ganze nicht schauerlich genug wäre, religiöse Eiferer heizten auf nervenaufreibende Weise die Situation an, um die Menschen in einen aufgeputschten Zustand zu versetzen und somit ihre Kriegslust zu steigern:
»Die Fakire und Mystiker zogen aus mit Trommeln, Pfeifen, Fahnen und Zimbeln; sie lärmten, schrien und vollführten verschiedene Arten von dikr.«

Dann geschah das Verhängnisvolle!
Es war nun die Stunde des Umar Efendi:

»Sajjid Umar Efendi, der Vorsteher der Scherifen, stieg zur Zitadelle empor und brachte eine große Standarte von dort herab, welche das Volk die Standarte des Propheten nannte. Er entfaltete sie und ließ von der Zitadelle bis nach Bulaq vor sich tragen. Vor ihr und um sie herum waren Tausende aus dem Volk mit Stöcken und Stäben, die riefen: ›Es gibt keinen Gott außer Allah‹ und ›Allah ist am größten!‹ und die überlaut schrien. Sie hatten Trommeln und Pfeifen und andere Instrumente bei sich.«

Hier erleben wir den historischen Moment, in dem der Heilige Krieg in der islamischen Welt von neuem aufflammte!
Nur Umar Efendi, das autoritäre religiöse Oberhaupt in Ägypten, besaß die Legitimität, die Standarte des Propheten nach eigenem Gutdünken zum Wohle des Islams einzusetzen und darüber hinaus den Heiligen Krieg auszurufen.
Zuletzt wehte diese Standarte vor gut 600 Jahren über den Köpfen der Heiligen Krieger des Sultans Salah ad-Din, als die Moslems gegen die Kreuzritter in den Kampf zogen.
Somit war der inzwischen in Ägypten fast in Vergessenheit geratene Heilige Krieg nicht nur von neuem entbrannt, sondern wurde fortan bei jeder sich bietenden Gelegenheit von jedem provinziellen Führer sorglos ausgerufen, um die Massen für die eigenen politischen Zwecke zu missbrauchen.
Auch für Napoleon, der von all dem nichts ahnen konnte, bedeutete dieser simple Akt das endgültige Ende aller seiner vielfachen Beteuerungen, mit der Absicht nach Ägypten gekommen zu sein, dem Islam Stärke und Geltung zu verschaffen.
Von nun an ist er der erklärte Feind des Islam.

Alle seine späteren proislamischen Parolen und Schmeicheleien, sein Auftreten in der Öffentlichkeit in den Landestrachten und mit dem

Koran in der Hand, sollten bei den Geistlichen und der Bevölkerung nutzlos verhallen.

Nie konnte er begreifen, warum ihm die religiöse Akzeptanz versagt blieb.

Was er auch immer noch anstellen mochte, im Herzen der Menschen blieb er für immer vielmehr der Feind des Islam, gegen den die Fahne des Propheten Mohammed gerichtet worden war.

Im Zuge der kriegerischen Vorbereitungen verließen immer mehr Menschen Kairo, um bei den Verteidigern zu verweilen.

Die Stadt wurde von Tag zu Tag verwaister. Das normale und bis dahin pulsierende Leben kam gänzlich zum Erliegen:

»Kairo aber verblieb mit leeren Straßen; man fand niemanden dort außer den Frauen in den Häusern, den Kindern und den alten und schwachen Männern (...) Die Märkte waren leer und die Straßen verstaubt, weil niemand sie fegte und netzte.«

Infolge des Notstands stiegen die Preise für Waffen, Pulver und Bleikugeln ins Unermessliche und wurden für das Fußvolk unerschwinglich:

»Auch alle Waffen wurden teuer, und wenige waren zu finden. Die meisten einfachen Leute zogen mit Schlagstöcken, Stäben und Peitschen aus.«

Zugleich pilgerten führende Persönlichkeiten ständig zu den Versammelten, um ihnen Beistand und Mut zu spenden und Gebete auszusprechen:

»Die Scheichs und Gottesgelehrten ließen sich in der Zawija des Ali Bek in Bulaq nieder und flehten Gott demütig um Sieg an. Das gleiche taten viele einfache Leute, manche in ihren Häusern, andere in den Zawijas oder den Zelten.«

Auch Ibrahim Bek wurde ›aktiv‹, er schlug seine Zelte in Bulaq auf und verspürte nun die Notwendigkeit, nach weiterer ›Verstärkung‹ Ausschau zu halten:

»*Ibrahim sandte Befehl an die Beduinen, die in der Umgebung von Kairo lebten, und schrieb ihnen vor, sie sollten sich der Vorhut in der Region von Subra und in den angrenzenden Gebieten anschließen.*«

Viele Bauern und Beduinen folgten den Hilferufen aus Kairo und brachen auf, ohne im Geringsten eine Vorstellung davon zu haben, auf welch waghalsiges Abenteuer sie sich einließen:

»*Auch viele Beduinen aus al-Buhaira und Gizeh, aus Oberägypten, von den al-Habirija, al-Qian, Aulad Ali, al-Hannadi und anderen strömen bei Murad Bek zusammen.*«

Die Schauplätze des Geschehens waren auf einen solchen Ansturm nicht vorbereitet. Planlos prallten Menschen aufeinander. Die Unterbringung und vor allem die Versorgung der Kairoer Bevölkerung brach völlig zusammen:

»*Die Panik wuchs, und die Bedrängnis der Armen steigerte sich auch, weil sie gewohnt waren, sich ihre Nahrung von Tag zu Tag zu erwerben, Handel und Wandel jedoch stillstanden und alle Leute auf einen Flecken zusammengeströmt waren.*«

Dann kam die Stunde der Kriminellen und die Gegenwehr der Bürger:

»*Straßenräuber tauchten auf, und die Leute griffen einander an, weil die Regierenden sich nicht um sie kümmerten, sondern mit der Notlage beschäftigt waren, die über sie hereingebrochen war.*«

Die durch den Notstand verursachte öffentliche Unordnung artete in ein Chaos aus, das schließlich auch die Umgebung von Kairo erfasste:

»In den Dörfern und auf dem Lande aber war die Lage so, dass die Leute einander töteten und plünderten, während die Beduinen weit und breit Überfälle durchführten. Die ganze Umgebung von Kairo erlitt von einem bis zum anderen Ende Totschlag und Plünderung, Räuberei und Übeltun, Übergriffe gegen den Besitz und Verderben der Pflanzungen zusammen mit allen anderen Arten von Korruption, die nicht aufgezählt werden können.«

Dann schlug die Stimmung in Kairo um.
Das seit Jahrhunderten unter Mameluken Herrschaft ausgewogene und friedliche Zusammenleben der verschiedenen Rassen und Religionen schlug in Hass und Willkür um:

»Die Befehlshaber von Kairo ließen den europäischen Händlern nachspüren und kerkerten sie ein, einige in der Zitadelle und andere in den Häusern der Emire. Sie gingen auch und forschten in den Geschäftshäusern der Europäer nach Waffen und ähnlichem Gerät. Auch die Häuser der syrischen Christen, der Kopten und die Orthodoxen wurden nach Waffen durchsucht, auch ihre Kirchen und Klöster.«

Es gilt als sicher, dass die Einkerkerung so mancher Europäer nur einem einzigen Ziel dienen sollte, nämlich diese vor dem Zugriff der aufgebrachten Bevölkerung zu schützen.
Ebenso galten die Durchsuchungen als ein Signal, um der Öffentlichkeit zu suggerieren, dass gegen die Ausländer etwas unternommen werde. Somit konnte unterbunden werden, dass der Pöbel selber plünderte:

»Das Volk wollte sich mit nicht weniger zufriedengeben, als dass die Christen und Juden getötet würden; doch die Regierenden verhinderten das.

Wären sie nicht eingeschritten, hätte das Volk sie in jener Periode der Unruhe umgebracht.«

Auch diese Zeilen beweisen einmal mehr, dass die Herrscher der Mameluken alles andere als eine Horde von Barbaren waren.

Selbst in dieser kaum beherrschbaren Situation, in der es äußerst schwierig gewesen sein dürfte, aufgebrachte und fanatisierte Menschen zu bändigen, schreiten sie mit allen Mitteln ein, um ein Massaker unter den Andersgläubigen zu verhindern.

Napoleon, der große Feldherr und Italienheld, war von all dem Elend noch weit entfernt.

Eskortiert von seinen Soldaten am Westufer, segelte er in seiner Luxusbarke in Ufernähe in südliche Richtung und bewunderte die an ihm vorbeiziehende geschichtsträchtige Kulisse, wo einst die Pharaonengeschlechter ihr irdisches Gastspiel hatten.

Weit hinter seinem Rücken trieben auf dem Nil mit der Strömung unzählige Leichen Richtung Rosette, während am Ufer von Rahmaniya Scharen von Aasfressern über Tausende verstreuter Leichen kreisten.

Tod und Vernichtung, dies sind die Leitern, über die der militante Napoleon den Himmel erstürmen wollte.

Am Freitag den 20. Juli erreichten die Franzosen die schwarze Brücke, wo einst Murad Bek sein Zelt aufgeschlagen hatte, bevor er Richtung Rahmaniya zog.

Dort war die Gegend menschenleer.

Während sich ein Wetterumschwung ankündigte, begannen sich die französischen Einheiten zu sammeln und ihr Nachtquartier aufzuschlagen.

Bei Morgendämmerung herrschte bereits ein schwacher Nordwestwind, der gelegentlich hier und dort kleine Sandmassen über dem

Wüstenboden aufwirbelte.

Als dann am 21. Juli die aufgehende Sonne den diesigen Himmel dunkelrot aufleuchten ließ, ahnte keiner der Anwesenden, welche dubiosen Ereignisse ihnen erneut bevorstehen sollten.

Einige Zeit später setzten sich einige Abteilungen der Franzosen in südliche Richtung in Bewegung. Kurz nach dem Aufmarsch näherten sie sich Umm Dinar, das nördlich von Imbaba liegt. Somit lagen sie in Sichtweite der an diesem Ort versammelten Menschen.

Doch die erste Begegnung verlief aus der Sicht der Verteidiger deprimierend und demoralisierend zugleich:

»Dort [in Umm Dinar] *war eine große Menge Soldaten, Untertanen und Bauern aus den Kairo naheliegenden Dörfern versammelt; doch alle Soldaten waren zagen Herzens, schwachen Willens, widersprüchlicher Ansichten, voller Begierde, ihr Leben zu retten und sich ihr Wohlleben und ihren Rang zu erhalten.*«

Die Verteidiger ergriffen in dem Augenblick die Flucht, als sie die ankommende blauuniformierte Streitmacht am Horizont erblickten. Man könnte vielleicht zu ihrer Ehrenrettung einwenden, dass diese zusammengewürfelte Menschenmenge aus mit Äxten und Stöcken bewaffneten Bauern und Beduinen die einzig richtige Reaktion gezeigt hatten.

Gegen Mittag setzten dann die Verschwörer ihren Plan in die Tat um, von dem Murad Bek nur einen Teil kannte.

Während sich die Franzosen allmählich mit ihrer Mittagsruhe befassten, setzten wie aus heiterem Himmel eine lärmende und staubaufwirbelnde Reiterhorde einen Angriff gegen sie an:

»Als es Mittagszeit war, saß eine Gruppe von Soldaten, die sich auf dem westlichen Ufer befanden, auf und rückte in Richtung Bastil vor, ein Dorf, *das nahe bei Imbaba liegt. Sie stießen auf die Vorhut der Franzosen und grif-fen sie zu Pferd an.«*

Wer waren nun diese Soldaten, die mutig einen Angriff starteten, ob-wohl wir bei al-Gabarti kurz davor erfuhren, dass sich keiner der Ma-meluken auch nur einen einzigen Meter von seiner Umgebung ent-fernen und den Franzosen entgegenmarschieren wollte?
Die Antwort darauf hat al-Gabarti in einem späteren Text indirekt festgehalten.
Als Napoleon die Macht in Kairo noch ausübte, traf er eine eigenar-tige Entscheidung:

»Am gleichen Tag riefen sie (die Franzosen) *auch aus, dass die Ausländer aus dem Maghreb und aus anderen Ländern (…) in ihre eigenen Länder fortrei-sen sollen.«*

Also waren die Angreifer keine Mameluken, sondern maghrebini-sche Soldaten, die nun nach Rahmaniya gegen ihren einstigen Be-fehlshaber kämpften und deshalb später als feindliche Söldner des Landes verwiesen werden sollten.
Die Franzosen waren von dem unerwarteten Angriff völlig über-rascht.
Überhastet trommelte General Desaix ca. 6.000 Kavalleristen zusam-men und eilte den Angreifern entgegen:

»Eine Kolonne der Frang verfolgte sie, die etwa 6.000 Mann ausmachte; ihr Kommandant war Diseh (Desaix), *der später Oberägypten verwaltete.«*

Doch die Maghrebiner verfolgten ein bestimmtes Ziel.

Vereinzelte Krieger der Vorhut der Maghrebiner verwickelte die Franzosen in ein sehr kurzes Gefecht.

Und als es den Anschein hatte, dass beide Parteien aufeinanderprall-
ten, machten die Maghrebiner zum richtigen Zeitpunkt kehrt.
Ihre Flucht ermunterte Desaix dazu, dem Gegner nachzustellen.
Weder ahnte der französische Kommandant, wer die Angreifer waren, noch, was sie vorhatten.
Die Maghrebiner achteten darauf, dass ein gewisser Abstand zwischen ihnen und den Franzosen gewahrt blieb.
Dann näherten sich die Reiter Imbaba, steuerten auf bestimmte Stellen zu und brausten hindurch.
Niemand konnte aus der Ferne erkennen, dass das Feld mit gut ge-
tarnten Barrikaden vorbereitet war, hinter denen Kanonen und eine
große Anzahl schussbereiter Soldaten in Stellung gegangen waren.
Die Staub- und Sandwolken, die durch die vorausgeeilten Maghrebiner aufgewirbelt wurden, beeinträchtigten zudem die Sicht der Franzosen, wodurch sie im Eifer des Gefechts viele Einzelheiten nicht zu
erkennen vermochten.
Auch in mehreren Galeonen auf dem Nil lauerten schussbereite Marinesoldaten.
Dann schlugen die einstigen Verbündeten zu.
Im richtigen Moment eröffneten sie das Feuer und ein Kugelhagel aus
ihren Kanonen und Gewehren ergoss sich über den Feind.
Die vorderen Reihen der Franzosen erlitten beträchtliche Verluste,
der Rest zog sich notgedrungen in eine sichere Entfernung zurück.
Die französische Kavallerie konnte gegen den unerwarteten Kano-
nenhagel nicht bestehen.
Desaix forderte hastig das an, was der Reitertruppe fehlte, nämlich
Artillerie:

»Als die Kolonne an die Barrikaden des Murad Bek herankam, beschossen
sich beide Seiten aus Kanonen; dergleichen die Seesoldaten.«
Auch diese Vorkommnisse vermochte al-Gabarti präzise zu beschreiben und dabei die jeweilige kämpfende Einheit dem richtigen Mameluken-Emir zuzuordnen. Es sind die Söldner um Murad Bek, zu

denen die nachjagenden Franzosen um Desaix in den Hinterhalt geleitet wurden.

Denn auf dem Westufer, von wo aus die französische Armee kam, befanden sich in erster Linie die ehemaligen französischen Söldner.

Gerade diese Kämpfer verfügten nicht nur über die modernsten französischen Waffen, sondern ihnen wurde jahrelang beigebracht, wie man am besten damit umgeht.

Auch die Seesoldaten auf den Galeonen griffen aktiv in den Kampf ein. Demnach erstreckten sich die Kampfhandlungen zu Land und zu Wasser.

Dieses beachtenswerte Kampfpotential, das nun aus allen Rohren auf die Franzosen niederhagelte, brachte die Kolonne um Desaix in arge Bedrängnis und verwickelte sie zunehmend in ein heftiges Gefecht.

Und mitten im Kampfgetöse sollte nun die tödliche Falle zuschnappen.

Im Rücken der kämpfenden Franzosen tauchten plötzlich aus der Tiefe der Wüste jene Verbände und die Trumpfkarte der Engländer auf, die die Schlacht entscheiden sollte, nämlich die zahlreichen albanischen Einheiten:

»Eine bedeutende Zahl von albanischen Soldaten (…) kamen aus Damiette; sie begaben sich nach Imbaba, stießen zu den Fußsoldaten und kämpften mit ihnen auf den Barrikaden.«

Hier begegnen wir den albanischen Killerbestien, die ursprünglich am 1. Juli 1798 in der Bucht von Alexandria die Franzosen bei der Landung liquidieren sollten.

Zugleich erfahren wir, wo ihr ursprüngliches Hauptquartier war: die Hafenstadt Damiette.

Desaix und seine Soldaten sitzen in der Falle.

Doch hier bei Gizeh herrschten orientalische Gesetze, die das Verhalten der Gläubigen bei undurchschaubaren Situationen zu so mach unerwartetem Fehlverhalten verführten.

Hier waren es die aus Europa ›eingeführten‹ Albaner, denen es vorbehalten war, die versprengten Franzosen um Desaix zu vernichten. Und die kamen am falschen Tag und zur unpässlichen Stunde nach Imbaba!

Denn kaum hatten die Kämpfe an Heftigkeit zugenommen und schon finden wir die Schlacht mittendrin zugunsten der Franzosen auf einem Male entschieden.

So wie zuvor in Rahmaniya!

Auch hier sorgte ein vermeintliches Wunder für die folgenschwere Wende.

Diesmal war es eine Laune der Natur, die zum richtigen Moment am richtigen Ort schicksalhaft Regie führte.

Denn mitten in den grausigen und bedrückenden Kampfhandlungen mischte sich die Natur ein: Ein orkanartiger Nordwestwind wütete unverhofft über dem Schlachtfeld.

Die mit Sand und Pulverrauch angereicherten Windböen brausten in unregelmäßigen Wirbelformationen peitschend über das Schlachtfeld, dann über die immer unruhiger werdenden Gewässer des Nils hinweg Richtung Osten, rasten ›heulend‹ mit furchteinflößender Geschwindigkeit und schauerlichen Formationen auf die Hauptstadt zu und verliehen dem Ganzen einen apokalyptischen Charakter, zu dem sich auch noch das Unheilvolle vollzog; der Himmel verdunkelte sich, der Tag wurde zur Nacht:

»Während alledem wehte ein heftiger Nordwestwind, und die Wasser des Stromes waren in wilder Erregung. Die Sanddünen warfen Staubwolken auf, die der Wind in die Gesichter der Ägypter trieb, keiner konnte die Augen öffnen, weil der Staub so heftig einher wirbelte. (…) Der Wind blies immer heftiger, und der Staub wurde immer dichter. Die Welt wurde dunkel vor Pulverrauch und vor dem vom Wind aufgewirbelten Staub; die Ohren wurden taub, weil so viele Schüsse aufeinander folgten, so dass die Leute glaubten, die Erde wanke und der Himmel stürze ein.«

Das Naturereignis, welches al-Gabarti hier wiedergibt, gehört in Ägypten zu den alljährlichen Vorkommnissen, mit denen jedes ägyptische Kind aufwächst und all seine Merkmale kennt.

Insbesondere zwischen Ende März und Mitte Mai ereignen sich die Khamseen (die 50 Tage), wo es zu sporadischen Staubstürmen kommt und nicht selten verdunkelt sich der Himmel durch den aufgewirbelten Sand derart, dass der Tag zur Nacht wird.

Diesmal reichten die Kräfte der Natur aus, um an diesem Tag ein noch spektakuläreres Wunder als das von Rahmaniya unter den Menschen auszulösen.

Dabei gingen die entscheidenden Impulse eben von diesen Albanern aus, die die ganze Dynamik des Unheilvollen einleiteten.

Denn diese europäischen Fremdlinge im Land, erlebten ein derartiges Naturschauspiel zum ersten Mal in ihrem Leben.

Und bei der sich bietenden grauenvollen Kulisse würde auch hier jeder von ihnen bei Allah schwören, der Tag des Jüngsten Gerichts vollziehe sich soeben vor ihren Augen, Gottes Zorn bräche über ihre Köpfe hinweg.

Was für die Mameluken der Heißluftballon in Rahmaniya war, war für die Albaner in Imbaba dieses Naturschauspiel.

Das, was dann geschah, vermag kaum ein Chronist mit Worten zu beschreiben.

Spontan warfen die meisten Krieger aus Albanien ihre Waffen weg und ergriffen wie vom Wahnsinn getroffen die Flucht, kreischten dabei nach Allah und weitere verzweifelte Rufe.

Ihr kollektives Verhalten reichte aus, um alle anderen zu elektrisieren und anzustecken, die sich nun kopflos den Albanern anschlossen und allmählich unkontrollierte und chaotische Reaktionen auslösten.

Verzweifelt versuchte nun jeder, zu Fuß oder reitend, den Strom zu erreichen, um schwimmend oder im Boot auf die andere Uferseite zu gelangen, um „Gottesvollstrecker" zu entkommen.

Als diese kolossale Fluchtdynamik auf dem Ostufer vernommen wird, brach auch dort die Hölle los.

Für die von Rahmaniya traumatisierten Menschen reichte schon der kleinste Funken.

Von Todesangst ergriffen warfen die Menschen auch dort ihre Waffen weg, murmelten wahllos einfach alles an Koranversen und Gebetsrufen, was ihr verstörter Verstand und ihre zittrigen Glieder noch hergaben.

Viele von ihnen warfen sich hysterisch zu Boden, bewarfen sich mit Staub übers Gesicht und beteten dabei die Franzosen auf dem anderen Ufer an, priesen sie als die ›Männer Allahs‹.

Von nun an vermochte von der Kairoer Führung keiner zu deuten, warum diese plötzlich verrückt gewordenen Menschen sich derart abnorm verhielten, nämlich anstatt zu kämpfen, das Weite suchten oder sich Kleidungsstücke vom Leib rissen, sich selbst verletzend auf Brust und Wangen schlugen und immer wieder die Franzosen anbetend als Gottessöhne priesen.

Diesseits und jenseits des Nilufers bot sich nun das gleiche Bild: Die angestaute Ohnmacht infolge von Rahmaniya löste eine bebende Hysterie aus, die beinahe die ganze Menschenmasse erfasste.

Und von dem Augenblick an war fast jeder Augenzeuge der tiefen Überzeugung, Napoleon, der Anführer der Franzosen, sei der Herr, der Gütige, ja el-Rassoull (*Prophet*) des Islams.

Al-Gabarti war ratlos über das, was sich nun vor seinen Augen abspielte. Er als besonnener Intellektueller vermochte nicht zu verstehen, welcher Teufel diese verrückt gewordenen Menschen geritten haben konnte:

»*Als eine Staubvolke aufwirbelte und Soldaten auf dem östlichen Ufer den Kampfeslärm vernahmen, begannen das Volk und die Masse der Untertanen Lärm zu schlagen; die Leute schrien durcheinander, erhoben ihre Stimmen und riefen: ›Du Herr! Du Gütiger! Ihr Männer Gottes!‹ und ähnliches, als könnten sie mit ihrem Geschrei und Gelärme kämpfen und Krieg führen.«*

Was das Volk nun in seiner Ohnmacht und Verzweiflung tat, bedeutet nach islamischer Lehre ein ganz bestimmtes Verhaltensmuster. Denn die Bezeichnung ›*Du Herr! Du Gütiger!*‹, die dem Anführer der Franzosen galt, bedeutete nichts anderes, als dass diese verstörten Menschen in ihm den erwarteten Mahdi bzw. den Propheten Allahs sahen, ›*ihr Männer Gottes*‹ das Gelöbnis, dass die französischen Soldaten die Heerscharen Allahs seien.
Somit bekannte sich das Volk in diesem dramatischen Augenblick unmissverständlich zum Glauben der fremden Invasoren aus Europa.

In den Augen der besonnenen Gläubigen bedeutete dies aber, dass die Menschen der eigenen Religion den Rücken gekehrt hatten und vom Islam abgefallen waren:

»Die vernünftigen Leute hatten versucht, sie zu schelten und ihnen zu bedeuten, sie sollen das lassen. Sie sagten zu ihnen: ›Der Prophet und seine Gefährten, die im Heiligen Krieg standen, pflegten vielmehr mit dem Schwert und mit Lanzen zu kämpfen und auf die Nackenwirbel zu schlagen, nicht aber ihre Stimmen in Geschrei und Gekläff zu erheben!‹ – Doch sie hörten nicht darauf und ließen sich nicht von ihrem Tun abbringen.«

Wenn al-Gabarti den Begriff ›*auf die Nackenwirbel zu schlagen*‹ in Zusammenhang mit diesen Vorkommnissen vernommen hat, dann kann es hierfür in der Tat nur eine Auslegung geben.

Diese Formulierung hat nämlich in der islamischen Tradition eine bestimmte Funktion, die ausschließlich mit einer ganz bestimmten Situation des Glaubens in Zusammenhang steht, und als Strafaktion

vorgesehen ist. Nach islamischer Rechtsprechung soll der Prophet Mohammed gesagt haben:
»Wer seine Religion wechselt, dessen Nacken müsst ihr schlagen.«

Das heißt, dass diese besondere Art der Bestrafung ausschließlich dort praktiziert wird, wo ein Moslem seiner Religion den Rücken kehrt und zu einem anderen Glauben wechselt, also vom Islam abfällt: *»Sie werden getötet, wenn ihr Abfall offenbar wird.«*

Demnach galt diese spezielle Drohung mit dem Tode jenen, die sich betend zu Boden warfen und dabei die ›Ungläubigen‹ Franzosen mit ›Männern Gottes‹ gleichsetzten, sie unmissverständlich als Gottes Gesandte priesen: Mit diesem Verhalten waren sie faktisch vom Islam abgefallen.
Wie dem auch sei, nichts auf der Welt konnte die wie in Trance verfallenen Massen dazu bewegen, ihre Hysterie abzulegen und sich erneut gegen die Franzosen zu erheben:

»Doch sie hörten nicht darauf und ließen sich nicht von ihrem Tun abbringen.«

Demnach ist mit gutem Grund davon auszugehen, dass an jenem 21. Juli des Jahres 1798 der überwiegende Teil der ägyptischen Bevölkerung in Kairo und Umgebung, der diesen Ereignissen beiwohnte, in den festen Glauben verfiel, den noch nicht am Ort des Geschehens erschienenen Anführer der Franzosen als den Gesandten Allahs zu preisen und ihn für einen Propheten zu halten.
So wie es später Victor Hugo wohl zutreffend formulierte.

Noch einmal und in weniger als einer Woche erlebten die Franzosen ein und dasselbe unwürdige Schauspiel, nämlich wie sich ihre Gegner von einer Minute zur anderen in verängstigte Horden verwandelten und in Todesangst zu entkommen versuchten.

Was dann folgte, war kein Kampf mehr, sondern kaltblütiges Abschlachten.

Es war zugleich die ›Sternstunde‹ des großen General Louis Charles Desaix.

Er und seine Soldaten nutzen die einmalige Gunst der Stunde, um auf brutalste Weise die ›Früchte‹ der Schlacht zu ernten.

Sie steigerten sich in eine wahre Orgie hinein, bei der auf bestialische Weise die Fliehenden kaltblütig von hinten niedergestreckt wurden.

Als das Massaker beendet war, bot sich am Westufer und dem unruhigen Wasser ein Bild des Grauens: Tausende von Toten in bunten blutgetränkten Trachten, Säbel und Gewehre lagen überall verstreut auf dem Boden, vermischt mit Pferdekadavern; Tausende von Verwundeten und sich Ergebenden, die ihre Hände den Söhnen der ›gütigen französischen Revolution‹ entgegen anbetend um Gottesgnade flehten, während auf dem rotgefärbten Wasser des Nils treibende Leichen an die mosaischen Plagen erinnern:

»*Viele Reiter ertranken im Strom, weil die Feinde sie umfasst hatten und das Schlachtfeld finster geworden war. Gefangene fielen in die Hände der Franzosen, und sie nahmen die Barrikaden ein. (...) Die Toten, die Kleider und Geräte, Waffen und Decken, blieben auf der Erde liegen, in der Wüste von Imbaba, unter den Hufen der Pferde.*«

Zum zweiten Mal schnappte eine tödliche Falle nicht zu, die Napoleon und seine Armee aus der Geschichte hätte katapultieren können.

Und ebenso zum zweiten Mal metzelte Napoleons Armee ehemalige maghrebinische und andere Verbündete nieder und vernichtete einen großen Teil der vormals eigenen Waffen.

Auch eine beträchtliche Zahl von Maghrebinern und Albanern saßen in der Falle und mussten sich in Demut ergeben. Eine Momentaufnahme der Ereignisse kurz nach der Schlacht wurde beinahe auf eine mystische Weise von dem französischen Maler Jean-Antoine Gros festgehalten.

Auf seiner berühmten napoleonischen Siegespose ist es ihm eindrucksvoll gelungen, die Gegner Napoleons an diesem Tag durch eine am Boden liegende Dreiergruppe zu symbolisieren.

Dank al-Gabartis solider Berichterstattung ist es möglich, die zunächst für den Betrachter als eigenwillig erscheinende Darstellung der Akteure nunmehr zu verstehen und dem Gemälde einige seiner Geheimnisse zu entreißen.

Der dunkelhäutige Gefallene (Abb. 9) trägt noch ein Schutzschild in der Hand. Er ist Stellvertreter für die von Ibrahim Bek herbeigerufenen Beduinen, die in den Kämpfen mit modernen Waffen nur Tod und Verderben finden konnten.

Der nackte Soldat mit dem Umhang symbolisiert hier die Maghrebiner, die nach der Niederlage degradiert wurden und ihre früheren französisch orientierten Uniformen ablegen mussten.

Der muskulöse Krieger mit dem Turban im Hintergrund hingegen ist Stellvertreter für die Albaner, die an jenem Tag den unheilvollen Niedergang einleiteten.

Dementsprechend ist seine Verwirrung von allen Unterlegenen am stärksten ausgeprägt.

Die korpulente Killerbestie ist mit einem Mal zum sanften Anbeter geworden, der sein Hemd zerreißt, dabei absichtlich seiner Brust tiefe Kratzer zufügt und Napoleon vergötternd sein schlagendes Herz anbietet.

Dieses charakteristische Verhalten drückt im Rahmen religiöser Sitten des Orients den Zustand höchster göttlicher Verehrung und Ergebenheit aus.

Wäre nun diese Schlacht ›normal‹ verlaufen, würde einiges dafürsprechen, dass der 21. Juli 1798 in der Geschichte als der Tag eingegangen wäre, an dem Napoleon und seine Soldaten bei den berühmten Pyramiden von Gizeh vernichtend geschlagen wurden.

Die abscheulichen Gräueltaten, die die Franzosen nun innerhalb von wenigen Stunden an jenem Nachmittag begangen, hinterließen bei der Kairoer Bevölkerung die tiefsten Wunden und irreparable Irritationen.

Napoleon bekam nichts von all dem Leid mit, das der ägyptischen Bevölkerung widerfuhr.

Er hatte sich mit weiteren Begleitern auf seiner Barke eingeigelt, um das Ende der Sandstürme abzuwarten:

»*Was jedoch den großen Bonaparte angeht, so war er bei dem Zusammenstoß nicht zugegen, sondern kam erst nach der Niederlage.*«

Alle späteren Darstellungen auf Gemälden, die zeigen, wie der heroische Napoleon mitten in seiner Truppe bei Gizeh den Weg weist und zum Sieg anführt, entsprangen ausschließlich der Fantasie französischer Künstler und haben mit der historischen Realität nicht das Geringste zu tun.

Von dieser dramatischen Schlacht, die kaum eine Stunde dauerte, sollte er die ihm später von einem Adjutanten eilig überbrachte Nachricht voller Überraschung vernehmen und davon ausgehen, dass der Sieg ein Verdienst seiner modernen und schlagkräftigen Armee war.

Während der Schlacht beobachtete Murad Bek das Geschehen aus sicherer Entfernung.

Zum richtigen Zeitpunkt ergriff er mit seinen Gefolgsmännern die Flucht nach Gizeh, ehe er weiter nach Süden flüchtete.

Doch zuvor unternahm er noch einige Verzweiflungstaten.

In Imbaba und später in Gizeh ließ er einige mit Pulver beladene Galeonen in Position bringen und anschließend anzünden:

»*Murad Bek und seine Begleiter flohen nach Gizeh. Er stieg in sein Schloss hinauf, erledigte dort einige wichtige Dinge in etwa einer Viertelstunde, dann saß er auf und zog in Richtung Süden davon. (…) einige Marinesoldaten Murad Beks, die sich in der Galeone im Hafen von Imbaba befanden, im Augenblick der Niederlage Feuer an die Galeone legten und auch Murad Bek selbst, als er Gizeh verließ, den Befehl gab, man solle die große Galeone vor seinem Schloss fortschleppen (…) Auf ihr war eine bedeutende Menge von Kriegsgeräten und Pulver, und Murad Bek befahl, auch sie anzuzünden. So stieg eine Feuergarbe in der Richtung von Gizeh auf und eine weitere in der von Bulaq (…).«*

Es galt, um jeden Preis Rache an seinen ehemaligen Verbündeten zu nehmen.

Murad Bek und die Seinigen nutzen die Viertelstunde dazu, so viel wie möglich von den privaten Sachen aus dem Palast zu entwenden, um schließlich Vandalismus zu betreiben. Womöglich haben sie auch versucht, den prachtvollen Palast in Brand zu stecken.

In seiner Hektik und Eile gelang es ihm und seinen Begleitern allerdings nicht, allzu großen Schaden anzurichten.

Aus dem Verhalten Napoleons lässt sich allerdings später durchaus die Annahme ableiten, dass das Schloss von Gizeh beschädigt wurde. Somit war die eindrucksvolle Bühne, die französische Pioniere als Residenz des neuen Weltreichs so grandios nach pharaonischen und islamischen Vorbildern kreiert hatten, zum Teil zerstört worden.

Die Eile Murad Beks hatte einen triftigen Hintergrund.

Die Franzosen, die unmittelbar nach der Schlacht zielstrebig auf Gizeh zumarschierten, saßen ihm nun buchstäblich im Nacken.

Bei dem herrschenden Chaos werden auch zu allem Übel Gerüchte in Kairo verbreitet, nach denen die soeben erwähnten Vorfälle den Franzosen angelastet werden und einen Tag später Angst und Schrecken bei den noch in Kairo verbliebenen Bewohnern verbreiten:

»Was aber die Herzen der Leute in jener Nacht am meisten beunruhigte, war, dass am Abend zuvor ein Gerücht umging, die Franken hätten Bulaq angegriffen und verbrannt und Gizeh desgleichen.«

Die Zeit war viel zu kurz und die Angst des Emirs vor den Franzosen viel zu groß, um weitere Zerstörungen an Anlagen und Gebäuden in Gizeh vorzunehmen. Aus diesem Grund blieben die gigantischen militärischen Einrichtungen, in denen die Munitionsbestände lagerten, unversehrt:

»All das Kriegsgerät und das Pulver blieben in ihren Magazinen, auch die Kugeln und Bomben, bis die Franzosen es alles einnahmen. Man erzählte, dass sich in den Magazinen des Arsenals an Kugeln allein 11.000 befanden. Dies wurde als eine Aussage des Meisters des Arsenals wiederholt. All dies nahmen sich die Franzosen an dem Tag, an dem sie sich Gizehs und des Schlosses bemächtigten.«

Diese schier unerschöpflichen Vorräte an Kriegsmaterial und die Fabriken in der französischen Enklave in Gizeh, trugen später zum Leidwesen der Bevölkerung dazu bei, dass Napoleon trotz englischer Küstenblockade fast ein Jahr lang unbekümmert und mit voller Kraft sein militärisches Unwesen in Ägypten treiben konnte.

Dies ist auch der Grund, warum Napoleon später auf die Vernichtung der Flotte bei Abukir gelassen reagierte, obwohl er und seine Soldaten danach vom Rückweg nach Europa abgeschnitten waren. Während er beim Frühstück seinen Staboffizieren das abukirische Desaster verkündete, schloss er abmildernd mit den Worten: *»Seien Sie unbesorgt, wir haben alles, was wir brauchen. Wir können Schießpulver und Kanonenkugeln herstellen.«*

Von Süden aus konnte der flüchtige Murad Bek später ständig die französischen Truppen in Atem halten.
Als der Wind allmählich schwächer wurde, sich die Staubwolken auf dem Boden niedersetzten und sich der Himmel aufhellte, wurde erst für den Augenzeugen das Ausmaß des Massakers ersichtlich. Obwohl die Menschen auf dem anderen Ufer des Stroms vor Angst wie

gelähmt waren, sich völlig passiv verhielten, richteten die Franzosen dennoch ihre Kanonen auf sie und lösten auch dort chaotische Zustände aus:

»Als das Heer auf dem westlichen Ufer geschlagen war, richteten die Franzosen ihre Kanonen und Gewehre auf das östliche Ufer und schossen sie ab. Die Leute auf dem anderen Ufer waren ihrer Niederlage gewiss, und ein großer Tumult brach unter ihnen aus. Ibrahim Bek, der Pascha und die Emire ritten sofort davon; die Soldaten und Untertanen verließen alles Gepäck und ihre Zelte, wie sie gerade waren, und nahmen nichts davon mit. Ibrahim Bek, der Pascha und die Emire begaben sich nach al-Adilija, die Untertanen jedoch wogten und strömten nach der Stadt hin und drangen Schwarm auf Schwarm in sie ein. Sie waren alle voller Schrecken und Angst und erwarteten ihr Verderben. Sie weinten und schluchzten vor lauter Klagen und flehten Gott an, sie vor dem Übel jener schrecklichen Tage zu bewahren. Die Frauen schrien, so laut sie konnten, von den Häusern hinab. Dies geschah kurz vor Sonnenuntergang.«

Der verblüffte al-Gabarti versuchte Ursachenforschung für die Niederlage zu betreiben:

»Die Tatsache, dass der Wind von der Seite des Feindes blies, bildete eine der wichtigsten Ursachen der Niederlage; dies ist offensichtlich.«

Doch hier irrte sich der Chronist.
Hier haben wir zum Glück einen anderen Augenzeugen, der das Geschehen mit Argusaugen beobachtet und diese gespenstige Szenerie für die Nachwelt erhalten hat: der französische Künstler Louis François Lejeune. (Abb. 11)
Auf einem 1,80 mal 2,50 Meter großen Meisterwerk hat er mit kaum zu übertreffender Lebendigkeit die grauenvolle Kampfszene festgehalten.

Auf der Darstellung des Künstlers ist zweifellos erkennbar, wie die Kontrahenten der Franzosen mitten in den Kampfhandlungen ungeordnet und in Panik das Schlachtfeld Richtung Fluss flüchteten und davonritten, dass alle die mit Menschen überfüllten Boote auf dem Nil nicht west-, sondern ostwärts Richtung Kairo zu entkommen versuchten.

In der Darstellung des Künstlers ist die kollektive Fluchtdynamik aus der Schlachtarena kurz nach Aufflammen der Kämpfe unübersehbar. Auch die von Murad Bek eingesetzten Kriegsgaleonen waren dem Künstler nicht entgangen.

Unmittelbar nach der Niederlage überschlugen sich dann die Ereignisse und es entstand eine paradoxe Situation, die daraus resultierte, dass die Menschen an diesem Tag durch den Nil getrennt waren und somit in zwei ›Gruppen‹ geteilt wurden.

Am Ostufer, in und um Kairo herum befand sich der überwiegende Anteil von Zivilisten, Bürgerwehr und ebenso ein Teil der geistlichen Führung sowie die Mameluken des Ibrahim Bek. Diese Gruppe wurde Zeuge der gespenstischen Ereignisse.

Am Westufer des Nils hingegen und zu Füßen der geschichtsträchtigen Pyramiden, fand nun eine beeindruckende wie makabre Inszenierung statt.

Eine diesige und gespenstige Atmosphäre überzog das Schlachtfeld, das mit Tausenden von Toten und Verwundeten, abgerissenen Gliedmaßen und zerfetzten Pferdekadavern übersät war.

Und von den armselig am Boden hockenden Überlebenden des Massakers konnte keiner ahnen, welches Unheil die nächsten Augenblicke über sie bringen würde.

Es war kurz nach 16.00 Uhr, als sich plötzlich in Windeseile herumsprach, Napoleon sei auf den Weg nach Gizeh.

Eine prachtvoll geschmückte Barke gefolgt von mehreren bewaffneten Booten erreichte sodann den Ort des Geschehens und legte am Westufer an. Dort wartete in Reih und Glied eine bunt dekorierte Eskorte.

Kurz darauf erschien Napoleon am Barken Rand und war im Begriff, an Land zu gehen, blieb jedoch zunächst wie angewurzelt an Deck und starrte geistesabwesend auf die gewaltigen Pyramiden, die nun so majestätisch und unbesiegbar vor seinen Augen aus dem Sand emporragten und dem Betrachter den Atem verschlugen.
Am Ufer angekommen wurde er mit militärischen Ehren empfangen. Dann umarmte er Desaix, seinen ›Wundergeneral‹.
Nun war das Phantom Napoleon leibhaftig zum Greifen nahe und die Besiegten waren an der Reihe, ihren Anteil an diesem unwürdigen Schauspiel zu leisten und ihrer religiösen Naivität freien Lauf zu lassen.

Zunächst sind hier und da vereinzelte, zaghafte Mahdi- und ›Rassoul'allah‹-Rufe zu vernehmen, was sich schließlich in einem kollektiven Urgeschrei vermischt mit ›Allahu Akbar‹-Rufen entlud.
Und erneut bebte das Tal der Pyramiden.
Die Szenen, die Napoleon nun unmittelbar erlebte, vermag kein Geschichtsbuch auch nur im Ansatz zu beschreiben.
Es waren Augenblicke für die Ewigkeit, von denen der Korse noch bis an sein Lebensende zehrte.
Das geschichtsträchtige Volk der Ägypter, das Moses und Alexander der Große berührte und die faszinierendsten Kapitel menschlicher Geschichte hervorbrachte, kniete vor ihm und huldigte ihn anbetend als der gesandte Prophet des Islams!
Sein Pferd hatte Mühe, die Tritte auf das Schlachtfeld zu setzen, das mit Tausenden von Leichen und Verwundeten übersät war, während Tausende und Abertausende sich ergebender Krieger betend am Boden lagen und es kaum wagten, ihre Augen auf den Gesandten Allahs zu richten.
Schließlich erreichte die napoleonische Prozession den Ort des Geschehens. Überall, wo er vorbeikam, erwiesen ihm seine Soldaten unterwürfig die militärischen Ehren.

Die siegreiche französische Kolonne um Napoleon zog dann Richtung Süden.

Dem napoleonischen Einzug in die Gizeh-Residenz stand nun nichts mehr im Wege.

Und während Napoleon seine triumphalsten Augenblicke auskostete, stand der Hauptstadt Kairo eine der grauenvollsten Nächte ihrer Geschichte bevor.

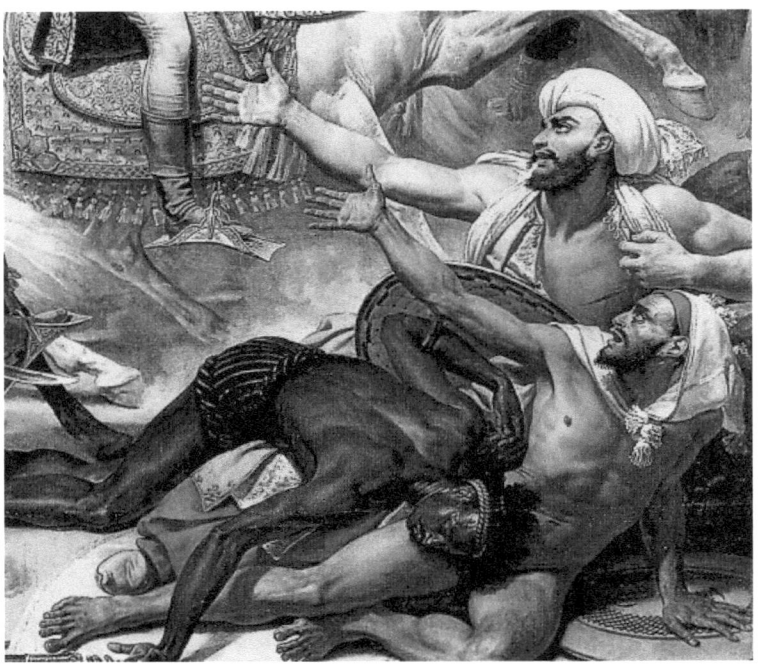

Abbildung 9
Die Verlier von Gizeh

Dieser Ausschnitt aus der berühmten Siegespose von Jean-Antoine Gros verrät interessante Details. Die am Boden liegende Dreiergruppe symbolisiert die Verlierer der Schlacht. Der Dunkelhäutige, noch mit Schutzschild in der Hand, ist Stellvertreter für die von Ibrahim Bek herbeigerufenen Beduinen. Der nackte Soldat mit dem Umhang ist ein Maghrebiner, der als ehemaliger Söldner der Franzosen seine Uniform ablegen musste. Der muskulöse Krieger mit dem Turban ist Stellvertreter für die von den Engländern rekrutierten Albaner, die den unheilvollen Niedergang einleiteten. Diese unbarmherzigen Söldnerbanden sollten wenige Wochen zuvor das östliche alexandrinische Hafenbecken für Napoleon und seine Soldaten in eine ›Schweinebucht‹ umwandeln. Dieses Gemälde ist das einzige französische Kunstwerk der Expedition, das von mystischer Darstellungskunst geprägt ist, und dürfte in seinen Motiven das Geheimnis bergen, warum Napoleon so zielstrebig Gizeh mit seiner ganzen Armee ansteuerte und dort drei Tage ausharrte.
Es gilt als sicher, dass die Mameluken an dieser Schlacht nicht teilnahmen.
Sie befanden sich während der Kämpfe mit ihrem Oberbefehlshaber Ibrahim Bek auf der anderen Nil Seite in und um Kairo.

Abbildung 10
Bizarres Panorama

Diese eigenartige Illustration von Ezbekyeh stellt die großartige Fähigkeit französischer Künstler während der Expedition unter Beweis. Sie ist aber auch zugleich ein Beleg für die Zuverlässigkeit von al-Gabartis Aussagen.

In Ezbekyeh haben die Franzosen vor der Expedition viele Bauten errichten lassen. Nach der Niederlage bei Gizeh nimmt der Emir Murad Bek Rache an seinen ehemaligen französischen Verbündeten. Er lässt mehrere mit Pulver voll- beladene Galeonen vor bestimmten Ortschaften anzünden und verursacht somit an den Häuserfronten zum Nil verheerende Schäden.

Al-Gabarti schreibt: »Auf ihr [der Galeone] war eine bedeutende Menge von Kriegsgeräten und Pulver, und Murad Bek befahl, auch sie anzuzünden. So stieg eine Feuergarbe in der Richtung von Gizeh auf und eine weitere in der von Bulaq, (…).«

Der von dem Künstler festgehaltene Ist-Zustand der Häuserfront zeigt links des großen Baumes die verheerenden Zerstörungen an den Häusern.

Abbildung 11
Die ›Schlacht‹ bei den Pyramiden

Was am 21. Juli 1798 in Sichtweite der geschichtsträchtigen Pyramiden von Gizeh geschah, war höchst sonderbar!

Kaum war die entscheidende Schlacht 45 Minuten alt und schon geschah das Unfassbare: Die Kontrahenten des französischen Generals Desaix ergriffen entsetzt und panikartig die Flucht. Jeder versuchte auf seine Art das andere Nilufer zu erreichen, um nach Kairo zu entkommen.

Dem französischen Künstler Louis François Lejeune gelang es, die kolossale Fluchtdynamik Richtung Osten eindrucksvoll darzustellen.

An diesem Tag leitete ein Naturereignis die unheilvolle Niederlage ein.

Al-Gabarti schreibt: »*Viele Reiter ertranken im Strom, (…) Die Toten, die Kleider und Geräte, Waffen und Decken, blieben auf der Erde liegen, in der Wüste von Imbaba, unter den Hufen der Pferde*

Abbildung 12
Die Explosion der L'Orient

Gegen 22 Uhr des 1. August 1798 explodierte das Flaggschiff L'Orient wie ein Dampfkessel. Wrackteile, Kanonen und Besatzungsmitglieder wurden wie Spielzeug in die Luft geschleudert. Die Explosionsmerkmale dieser zeitgenössischen Illustration decken sich mit den später durch den Meeresforscher Franck Goddio in Abukir gewonnen Erkenntnissen. Al-Gabrti schreibt: »*Sie eroberten einige und verbrannten ein großes Schiff, das den Namen ›Die halbe Welt‹ trug; darauf hatten sie ihre Gelder und Schätze bewahrt, und es war mit Kupfer gepanzert.*«
Alles spricht dafür, dass die immense Schlagkraft der in Abukir ankernden hochgerüsteten französischen Flotte bereits empfindlich gestört, die Handlungsfähigkeit der Schlachtschiffe und ebenso der französischen Besatzung durch Sabotage erheblich eingeschränkt war,
bevor Admiral Nelson um 15 Uhr angriff.
Erst als der französische Seekoloss ›in Fesseln‹ lag und manövrierunfähig war, griff Admiral Nelson in das Geschehen ein.

8. Kapitel
K a i r o
Nacht des Grauens

Nach der vernichtenden Niederlage bei Imbaba war es für die Kairoer Machthaber endgültig klar: Das Komplott war gescheitert. Kairo wurde für sie zur Falle.
Zunächst holten Ibrahim Bek und die ihn begleitenden Emire ihren Harem aus der Stadt:

»Als Ibrahim Bek in al-Adilija ankam, sandte er Boten nach Kairo, um sein Harem holen zu lassen, und das gleiche taten auch die Emire, die mit ihm waren. Sie luden die Frauen auf, manche auf Pferde, manche auf Maultiere, andere auf Esel und Kamele, noch andere gingen zu Fuß wie die Mägde und Diener. Während der ganzen Nacht verließen die Bewohner die Stadt, manche mit ihren Familien, andere nur, um sich selbst zu retten. Keiner fragte nach dem anderen; alle waren sie nur mit sich selbst beschäftigt, ohne sich um ihre Väter und Söhne zu kümmern. Die meisten Bewohner von Kairo zogen in jener Nacht davon, einige nach Oberägypten, andere, welche die Mehrzahl ausmachten, in östliche Richtung.«

Die führenden islamischen Geistlichen der al-Azhar Moschee ergriffen ebenfalls die Flucht, ein Umstand, der schwere Folgen für die napoleonischen Absichten in Ägypten bedeutete:

»Die angesehensten Leute, die Efendis und Würdenträger, verließen die Stadt, desgleichen ihre Ranghöchsten wie der Vorsteher der Nachkommen Alis und einige Scheichs, die über die Mittel verfügten.«
Der Staat war somit in diesen schweren Stunden seiner geistigen Führung beraubt. Panik und Verwirrung unter der Bevölkerung waren die Folge:

»Als das Volk und die Untertanen dies sahen, verstärkte sich ihre Furcht und Panik noch mehr, und sie entschlossen sich, auch zu fliehen, um bei den Würdenträgern zu bleiben.«

Ohnmacht, Leid und Hilflosigkeit prägten die Szenerie.
Ohne ein konkretes Ziel zu haben, suchten viele dennoch ihr Heil in einer ungewissen Flucht:

»Dabei war deutlich, dass alle zusammen nicht wussten, wohin sie ziehen, auf welchem Weg sie wandern und an welchen Ort sie eine Bleibe finden werden sollten. Sie drängten sich und suchten einander zu überholen; sie zogen aus allen Toren eilig davon (…) die meisten zogen zu Fuß aus, indem sie ihre Habe auf den Köpfen trugen und ihre Frauen die Kinder auf den Schultern. Wer ein Reittier besaß, ließ seine Frau oder seine Tochter oder seinen Sohn aufsitzen und ging selber vor ihm her (…) Doch die meisten Frauen zogen zu Fuß aus, ohne Schleier, die Kinder auf ihren Schultern, weinend im Dunkel der Nacht. Dies dauerte die ganze Nacht auf den Sonntag hindurch und den Morgen darauf an. Jedermann trug, so viel er vermochte an Geld und Geräten.«

Die bis vor nicht einmal einer Woche unbekümmerte und friedfertige ägyptische Bevölkerung war auf dem besten Weg, völlig auseinander zu driften.

Doch die, die in der Flucht ihr Heil vor dem ›Teufel‹ in blauer Uniform suchten, denen stand eine andere Hölle bevor:

»Doch als sie die Tore der Stadt hinter sich gelassen und in die Wüste gelangt waren, traten ihnen Beduinen und Fellachen entgegen und nahmen ihnen ihre Geräte, Lasten und Kleider ab. Dabei gingen sie so weit, dass sie jenen, die ihnen begegneten, nicht einmal das beließen, womit sie ihre Blöße bedeckten oder ihren Hunger hätten stillen können. Was die Beduinen so zu rauben vermochten, war sehr viel, mehr als man hätte erwarten können, weil *die Reichtümer und Schätze, die in jener Nacht aus Kairo entfernt wurden, ohne Zweifel ein Mehrfaches dessen waren, was zurückgeblieben war.«*

Kairo glich in jener Nacht einem Wespennest, in dem permanent und schonungslos zugestochen wurde.

Und das, was nun die geschichtsträchtige Metropole am Nil erlebte, war selbst für al-Gabarti kaum mit Worten zu beschreiben, stellte für ihn eine historisch einzigartige Situation dar:

»Es waren eine Nacht und ein Morgen von größter Abscheulichkeit, in denen Dinge vorfielen, wie sie Kairo nie vorher zugestoßen waren; wir haben nie von etwas Ähnlichem gehört, das in der Geschichte der früheren Generationen geschehen wäre. Keiner weiß es so gut wie der unmittelbare Zeuge!«

Die Nacht vom 21. auf den 22. Juli 1798 dürfte eine der schwärzesten Stunden in der greifbaren Geschichte Ägyptens markieren.

Dabei ist es kaum vorstellbar, welche Qualen diese armen Geschöpfe über sich ergehen lassen mussten.

Die ganze Nacht hindurch jagte ein Drama das andere, bei denen jeder nur noch auf die Rettung der eigenen Haut bedacht war.

Die so gerühmten Familienbande zählten nicht mehr.

Der Vater kannte die eigenen Kinder nicht.

Verzweifelte Rufe aus dem Schlaf gerissener Kinder verhallten ungehört in dem chaotischen Getümmel. Sie irrten elternlos in der Menge, von denen viele zu Tode getrampelt wurden.

Binnen dieser einzigen Nacht brach die bis dahin Intakte ägyptische Gesellschaft völlig zusammen, die im Verlauf von Jahrhunderte im schützenden Schatten des osmanischen Reiches kontinuierlich zusammengewachsen war und eine Lebensart eigener Tradition erreicht hatte, die auf ihre Weise der europäischen durchaus ebenbürtig war.

Vor allem aber wurden nun die Grundpfeiler, die eine solche Entwicklung begünstigt und gefördert hatten, unwiederbringlich zum Einsturz gebracht: die geistige und religiöse Freiheit der Bürger, die das Heranwachsen hervorragender Persönlichkeiten wie al-Gabarti und sein berühmter Vater zuvor begünstigte.

Am Westufer des Nils geschah hingegen etwas Sonderbares.

Nach der Schlacht war Napoleon zunächst eigenartigerweise überhaupt nicht daran interessiert, sogleich in der Stunde des Zusammenbruchs in die Hauptstadt Kairo einzumarschieren und somit die endgültige Unterwerfung Ägyptens faktisch und militärisch zu besiegeln. Vielmehr richtete er sein Lager in Gizeh in dem Luxuspalast-Komplex, in dem zuvor ununterbrochen Murad Bek sechs Jahre gelebt hatte.

Warum er ausgerechnet dort mit seiner Armee Halt machte, dürfte eines der noch ungelösten napoleonischen Geheimnisse bedeuten.

Mit diesem Verhalten beging der Franzose allerdings zwei folgenschwere Fehler.

Einerseits ermöglichte er damit seinen Feinden in Kairo die Flucht nach Osten, andererseits wurde die Hauptstadt drei Tage lang der Willkür plündernder Banden überlassen.

Innerhalb dieser Zeit räumten Plünderer weitere französische Häuser komplett aus.

Später in Kairo einmarschiert versuchten die Franzosen mit allen Mitteln, die Rückgabe des Diebesguts zu erzwingen:

»Am gleichen Tag ließen sie (die Franzosen) *ausrufen, wer etwas aus den geplünderten Häusern genommen habe, solle es zu Haus des Qa'immaqan bringen. Wenn er es nicht tue und die Sache komme später ans Licht, sei es umso schlimmer für ihn. (...) An jenem Tag [Sonntag] nahmen sie auch den*

Scheich der Diebesgilde (gu'aidija) und eine weitere Person fest und füsilierten beide am Azbakija-Teich; später auch noch andere in Rumaila; die Plünderer brachten viele Dinge, die sie geraubt hatten, zurück, weil sie es mit Angst zu tun bekamen; sie zeigten sich auch gegenseitig an.«

Doch Napoleons ominöse Rast in Gizeh entsprang keiner Spontanität oder militärischer Notwendigkeit.

Er hatte dort eine Verabredung!

Aus Alexandria hatte er an die geistige Führung der al-Azhar Moschee eine Botschaft über maghrebinische Vorboten gerichtet, in der er sie aufforderte, vor ihm in Gizeh zu erscheinen.

Dass Napoleon sie ausgerechnet dorthin bestellte, beweist, dass sein Hauptziel nach der Landung tatsächlich zunächst nur Gizeh und nicht Kairo war und erklärt zugleich, warum die Franzosen ausschließlich am Westufer des Nils marschierten.

Doch die Ereignisse nach der Schlacht nahmen einen ungewöhnlichen Verlauf.

Zunächst kehrte die ›himmlische Normalität‹ in Ägypten unerwartet schnell zurück.

Als nämlich der Morgen des 22. Juli anbrach und die rot leuchtende Sonnenscheibe am Horizont hinter den Stadtmauern von Kairo in gewohnter majestätischer Erhabenheit am Himmel emporstieg, sank bereits der napoleonische Stern und ebenso sein Mythos von der Göttlichkeit.

Der jüngste Tag war aller Vorzeichen und hysterischen Spekulationen zum Trotz ausgeblieben.

Nach und nach kehrten die Menschen notgedrungen zum Alltag zurück und Napoleon war wieder nur der ›Frang‹, seine Soldaten von göttlichem Wesen zu irdischer Größe geschrumpft:

»Als der erwähnte Sonntag anbrach und die Zurückgebliebenen nicht wussten, was tun, während sie dasaßen, die Besetzung durch die Franzosen und

den Beginn alles Übels erwarteten, kehrten viele Flüchtlinge in einem bösen Zustande zurück, entblößt und in Panik. Es wurde deutlich, dass die Franzosen noch nicht auf das östliche Ufer übergesetzt hatten und dass die Feuerbrunst nur auf den Schiffen gewesen waren, von denen ich vorher gesprochen habe.«

Die in al-Azhar zurückgebliebenen Scheichs erkannten, dass von nun an kein Weg an den französischen Oberbefehlshaber vorbeiführte, und dass sie notgedrungen auf seine Aufforderung in irgendeiner Weise reagieren mussten.
Sie richteten zunächst eine Botschaft an ihn, um sich über seine weiteren Absichten zu informieren:

»Einige Scheichs und Gottesgelehrte versammelten sich in der Azhar. Sie berieten sich untereinander und kamen zum Schluss, dass sie eine Botschaft an die Frang senden wollten, um zu sehen, was deren Antwort sein werde. Sie taten dies und sandten sie unter der Obhut eines Mannes aus dem Maghreb, der ihre Sprache verstand, sowie eines zweiten, der sie begleiten sollte.«

Doch die al-Azhar-Scheichs schienen immer noch nicht begriffen zu haben, was Napoleon im Rahmen dieser Zusammenkunft erreichen wollte, und dass er geduldig auf einen ganz bestimmten Personenkreis wartete, der für den weiteren Verlauf seiner Mission unabkömmlich war:

»Er (Napoleon) habe darauf über den Dolmetscher gefragt: ›Wo sind eure Würdenträger und Scheichs? Warum zögern sie, zu uns zu kommen, damit wir ihnen Vorschriften erteilen, die für uns alle von Nutzen sind?‹ Er habe sie zu beruhigen versucht und ihnen lächelnd ins Gesicht geschaut.«
Die freundliche Geste des Franzosen vermochte dennoch nicht die Abgesandten zu beruhigen, sie beharrten auf etwas Schriftliches, auf ein Dekret:

»Sie sagten: ›Wir wollen Frieden von euch!‹ Er sprach: ›Wir haben ihn euch schon früher geschickt!‹ (…) Sie sagten: ›Auch damit sich die Leute beruhigen!‹ Man schrieb ihnen ein weiteres Dokument, in dem es hieß: ›Vom Lager in Gizeh gerichtet an die Leute von Kairo: Wir haben euch zuvor ein Schreiben gesandt, das deutlich genug ist. Darin haben wir erklärt, dass wir nur gekommen sind, um den Mameluken ein Ende zu bereiten, welche die Franzosen mit Geringschätzung und Verachtung behandelten und das Geld der Händler und der Regierung geraubt haben. Als wir auf dem westlichen Ufer auftauchten, sind sie gegen uns gezogen, und wir haben sie empfangen, wie sie es verdienten. Einen Teil von ihnen haben wir getötet und andere gefangengenommen. Wir werden ihnen nachstellen, bis nicht einer von ihnen in Ägypten übrigbleibt. Doch was die Scheichs und Gottesgelehrten, die Würdenträger und die Untertanen angeht, so sollen sie ruhig und unbehelligt in ihren Wohnungen verweilen usw., wie ich es schon erwähnt habe.‹«

Die Ausführungen Napoleons in Bezug auf die Mameluken belegen, dass er nicht begriffen hatte, was wenige Tage zuvor in Rahmaniya geschehen war.

Dann bekundete der Franzose, dass er zum Verwalten des Landes ein politisches System bestehend aus sieben Geistlichen installieren wolle:

»Dann sagte er zu den Boten: ›Die Scheichs und Corbagis müssen unbedingt zu uns kommen, damit wir aus ihnen einen Diwan zusammenstellen, für den wir sieben verständige Persönlichkeiten auswählen wollen, die sich der Geschäfte annehmen werden.«

Als diese Nachricht später in al-Azhar überbracht wurde, beruhigten sich die Gelehrten zunächst und reagierten erleichtert darauf.

Sie vermochten allerdings weiterhin den Sinn nicht zu verstehen, der hinter Napoleons Aufforderung steckte.

Keiner konnte ahnen, dass auf Napoleons Wunschliste eine ganz bestimmte Führungsschicht stand:

*»Der Scheich Mustafa as-Sawi und Scheich Sulaiman al-Fajjumi mit ande-
ren saßen auf und ritten nach Gizeh. Er kam ihnen entgegen und lächelte
ihnen zu. Er fragte: ›Seid ihr die großen Scheichs?‹ Sie informierten ihn darüber, dass die Hauptscheichs sich geflüchtet hatten und entflohen waren. Er
sagte: ›Warum fliehen sie? Schreibt ihnen, sie sollen zurückkommen. Wir
wollen für euch einen Diwan einrichten, damit ihr und die Unterhaltenen
ruhig leben könnt (…)‹.«*

Alle Versuche der aus Gizeh zurückgekehrten Scheichs, Napoleons
Wunsch in die Tat umzusetzen, d.h. die geflüchtete islamische Führung zur Rückkehr nach Kairo zu bewegen, schlugen fehl:

*»Am nächsten morgen früh sandten sie den Pardon an die Scheichs, und der
Scheich as-Sadat sowie der Scheich as-Sarqawi kehrten zurück. Die Scheichs
und jene Leute, die sich ihnen angeschlossen hatten, waren nach der Ort-
schaft al-Matarija geflohen. Doch Umar Efendi, der Vorsteher der Scherifen, traute der Sache nicht und stellte sich nicht ein. Auch der Ruznamagi
und andere Efendis weigerten sich heimzukehren.«*

Zwei wichtige Erkenntnisse gehen aus diesem Text hervor: Die Vertreter der al-Azhar sollen sich ungewöhnlich lange Zeit in Gizeh aufgehalten haben, wo Napoleon ihnen über einen Dolmetscher nach
lebhafter und langwieriger Diskussion seinen religiösen Standpunkt
und seine Einstellung zum Islam vorgetragen haben soll.
Alles spricht dafür, dass der Franzose einen äußerst überzeugenden
Eindruck bei seinen fachkundigen Gesprächspartnern hinterlassen
hatte, denn sonst hätten sie sich später nicht so vehement in Kairo für
die Rückkehr der geflüchteten Scheichs eingesetzt.
Wir erfahren aber auch, dass Umar Efendi diesem Ruf nicht nach-
kam.

Und gerade die Weigerung dieses Mannes stellte endgültig die Wei-
chen für den Misserfolg der Expedition. Doch welche Macht hätte ein

Scheich ausüben können, der selbst auf der Flucht war und wohl nichts gegen den mächtigen Napoleon hätte ausrichten können?

Seine wirksamste Waffe war eben, nichts zu tun!

In der damaligen islamischen Gesellschaft Ägyptens gab es nur eine einzige theologische Persönlichkeit, die dazu legitimiert war, die Moslems dazu aufzurufen, gegenüber Napoleon und seinen Soldaten den Gehorsam zu leisten; eben diesen Vorsteher der Scherifen Umar Efendi.

Solange er den Franzosen aus islamischer Sicht nicht gut gesinnt war, blieben sie für jeden Moslem in Ägypten und der ganzen Region ein rotes Tuch, wurden als Feinde des Islam betrachtet.

Mehrere Tage wartete Napoleon in Gizeh vergeblich auf das Erscheinen der Hohen Scheichs.

Während dieser führungslosen Zeit wurde Kairo weiterhin von Plünderern heimgesucht:

»An jenem Tag lief der Pöbel zusammen und die Hefe des Volkes; sie plünderten den Palast des Ibrahim Bek und jenen des Murad Bek, die in der Qausum Straße lagen, und zündeten beide an. Sie plünderten auch eine Anzahl von Häusern der Emire, raubten die Möbel und Kupferkessel und anderen Geräte, die sich darin befanden, und verkauften sie um einen geringen Preis.«

In dem Text erfahren wir, welcher Palast als Machtpräsenz Murad Beks in Kairo gedient hatte, als er 6 Jahre in Gizeh verweilte.

Der mit Ibrahim Bek auf seinem Fluchtweg nach Osten begleitender Scheich Umar Efendi, behielt bei sich das wichtigste islamische Symbol, das Napoleon so gerne vor versammelten Moslems in den Händen gehalten hätte: die Fahne des Propheten.

Zunächst sollte sie zuerst in Jaffa als Zeichen des Heiligen Krieges gegen Napoleon wehen: *»Der Sajjid Umar Efendi (…) verließ ebenfalls die Stadt, und einige Türken aus dem Han al-Halili und die Maghrebiner, die in Kairo waren, schlossen sich ihm an.«*

Hier begegnen uns jene Maghrebiner wieder, die einst Verbündete der Franzosen waren und später den größten Anteil an deren Niederlage in Akkon haben sollten.

Wäre Napoleon unmittelbar nach der Schlacht bei Gizeh in Kairo einmarschiert, wären die Maghrebiner in Gefangenschaft geraten und ihm wäre womöglich diese spätere Niederlage erspart geblieben.

Als Napoleon später Jaffa erobert, sitzt der Scheich mit anderen Gelehrten in der Falle:

»Die Nachricht traf ein, dass Sajjid Umar Efendi, der Vorsteher der Scherifen, in Begleitung einer Gruppe von Geflüchteten Efendis und Steuerschreibern nach Damiette gekommen sei (…) Sie waren in der Zitadelle von Jaffa gewesen, und als die Franzosen diese belagerten und Zitadelle und Stadt eroberten, hatten sie den Ägyptern nichts angetan. (Bonaparte) ließ sie vor sich bringen, tadelte sie, weil sie fortgezogen und aus Kairo geflohen waren, und verlieh ihnen Ehrengewänder. Er ließ sie dann auf ein Schiff bringen und sandte sie nach Damiette.«

Als Napoleon dem Scheich Umar Efendi in die Augen sah, hatte er davon nicht die leiseste Ahnung, welche Rolle dieser unscheinbare Scheich wirklich in seinem Leben gespielt hatte.

Schließlich wurde die Fahne des Propheten nach Kairo zurückgebracht:

»Am gleichen Samstag sandten sie Banner und Fahnen, die sie aus der Zitadelle von Jaffa hergebracht hatten, zur Azhar-Moschee.«

Doch dafür war die al-Azhar-Moschee ein ungeeigneter Ort.

Ursprünglich wehte die Fahne nicht dort, sondern über der Zitadelle von Kairo, von wo aus Umar Efendi sie eingeholt hatte:

»Sajjid Umar Efendi (…) stieg zur Zitadelle empor und brachte eine große Standarte von dort herab, welche das Volk die Standarte des Propheten nannte.«

Heute können wir mit Sicherheit davon ausgehen, dass all diese feinen Details um die islamischen Verhältnisse in Ägypten den Franzosen und ebenso seinen islamischen Beratern unbekannt waren.

Die Fahne des Propheten, nunmehr in den Augen der Ägypter als Kriegsbeute der Ungläubigen betrachtet, konnte den Franzosen keinen Nutzen mehr bringen.

Auch einen alten Bekannten aus Alexandria, den damaligen Stadthalter Muhammad Kurajjim, finden wir später in Kairo eingekerkert.

Sein Schicksal wurde durch eine Nachlässigkeit endgültig besiegelt.

Nachdem die Franzosen in Kairo eingezogen waren, stießen sie im Palast von Murad Bek auf ein Dokument, welches für Kurajjim zum Verhängnis wurde:

»*Als sie* (die Franzosen) *dann nach Kairo kamen und das Schloss des Murad Bek besetzten, fanden sie dort Informationen von ihm* (Kurajjim) *mit Meldungen über sie und Aufrufen, gegen sie den Heiligen Krieg zu erklären, dazu auch Bemerkungen, dass er sie als geringfügig einschätze und sie für unbedeutend nahm. Dies steigerte ihren Zorn auf ihn. Sie sandten Boten, ließen ihn nach Kairo bringen und kerkerten ihn hier ein. (…) Sie setzten ihn auf einen Esel, umgaben ihn mit Soldaten, die in ihren Händen blanke Schwerter trugen; eine Trommel zog voraus, die sie schlugen. Sie zogen mit ihm durch die Saliba-Straße, bis sie nach ar-Rumaila gelangten. Sie fesselten ihn, banden ihn an einen Pfahl und schossen auf ihn mit Gewehren, wie es ihre Gewohnheit ist, wenn sie jemanden hinrichten. Nachher schnitten sie seinen Kopf ab, steckten ihn auf einen Stock und zogen damit in ar-Rumaila herum, während der Ausrufer schrie: ›Dies ist die Strafe für jene, die sich den Franzosen widersetzen.‹ Später nahmen seine Gefolgsleute den Kopf und begruben ihn mit seinem Körper. So endete sein Leben.*«

Welche Art von ›Zivilisation‹ und europäischem Fortschritt die Franzosen in Ägypten einführten, welch sinnlose Zerstörung und Vandalismus eine der damals wohl prächtigsten Metropolen im Orient erlitt, dies hatte al-Gabarti hautnah miterleben müssen:

»Sie schossen mit Kanonen und Granaten auf die Häuser und Wohnquartiere; dabei zielten sie im besonderen auf die Azhar-Moschee und richteten auf sie Kanonen und Bomben (...) Dann drangen sie in die Azhar-Moschee ein, hoch zu Ross, während die Infanteristen zwischen ihnen wie die Bergziegen wimmelten. Sie schwärmten über ihren Hof und ihre Maqsura und banden ihre Pferde an der Qibla Wand an. Sie zerstörten die Papiere und Wohnquartiere, zerbrachen die Leuchter und Kerzen, zerschmetterten die Kästen der Studenten, der mugawirun und der Schreiber; sie plünderten, was sie fanden. Geräte, Gefäße, Holzschüsseln, anvertrautes Gut und geheime Schätze in Schränken und Kästen; sie zerfetzten die Bücher und Koranmanuskripte, warfen sie zur Erde und zertraten sie mit Füßen und Hufen; sie verunglimpfen sie, entleerten sich und urinierten darauf. Sie tranken Wein, zerbrachen die Flaschen und warfen sie in den Hof und in seine Umgebung. Einem jeden, dem sie begegneten, zogen sie seine Kleider aus und jagten ihn fort. (...) Viele Menschen schlachteten sie ab und warfen sie in den Nilstrom. In zwei Tagen und in den folgenden sind so viele Menschen umgekommen, dass niemand ihre Zahl kennt außer Gott. Die Missetaten und Halsstarrigkeit der Ungläubigen dauerten lange an, und die Muslime mussten von ihnen hinnehmen, was sie planten und beabsichtigten. (...) Sie plünderten sein Haus, seine Geräte, sein Geld und seine Herden, die sehr groß waren; sie brachten seine Brüder und seine Kinder herbei und töteten sie (...) Sie zerstörten Teile von Gizeh (...) eine Anzahl von Moscheen (...) die Freitagsmoschee des Kazeruni in ar-Rauda und fällten in Gizeh Bäume (...) dort wurden viele Gräben ausgehoben und anderes mehr. Sie fällten auch die Palmen bei al-Hilli und Bulaq, zerstörten viele Häuser, zerbrachen ihre Türen und Fenster und nahmen ihr Holz für ihre Arbeiten, um Feuer zu machen und zu anderen Zwecken dieser Art.«

Mit solchen und anderen Gräueltaten, die fast täglich stattfanden, konnten die Franzosen zwar Angst und Schrecken bei der Bevölkerung auslösen, doch niemals Respekt und Gefolgschaft erzwingen, schürten die Feindseligkeit und Verachtung noch weiter an.

Somit sägten die unbelehrbaren und die der Sitten des Landes unkundigen Franzosen mit jedem Tag an jenem Ast, der eines Tages für Napoleon die ›Frucht‹ Ägypten hätte tragen sollen.

Die glanzvolle ›hellenische‹ Historie des Alexander den Großen ließ sich für Napoleon nicht wiederholen.

Das geschichtsträchtige Land am Nil, das Napoleon, wie einst der Makedonier, mit offenen Armen empfangen und als Fundament für sein kommendes Weltreich dienen sollte, entpuppte sich als ein offenes Grab, welches von den Engländern und einen französischen Hochverräter sorgfältig gegraben wurde.

In dem Land am Nil hastete er mit seinen einst ruhmreichen Soldaten rastlos und desorientiert von einem Fehlschlag zum anderen, bis ihn die unerschütterliche orientalische Behäbigkeit lähmend überwucherte, seine Genialität verpuffen ließ.

Im Nachhinein muss man sich fragen, wer hier am Ende der Triumphator war.

War es der mächtige Napoleon mit seinen metzelnden Soldaten oder waren es in Wirklichkeit die wehrlosen Geschöpfe Kairos, die ihm standhaft die Gefolgschaft verweigerten, geduldig seine Gräueltaten ertrugen, bis er sich selber besiegte?

Doch die schwere Last, die die Geschichte der ägyptischen Nation seit der Gründung des pharaonischen Reichs aufgebürdet hat, gleicht einem nie enden wollenden Drama.

Denn mit dem Scheitern der Franzosen war das Leid der ägyptischen Bevölkerung längst nicht zu Ende.

Erst waren es die Türken und Albaner, die beim Einmarsch in die ägyptischen Städte die Grausamkeiten und Gräueltaten der Franzosen in noch größerem Maße steigerten, bis schließlich das einst so geschichtsträchtige Land am Nil von dem Albaner Mohammed Ali regiert wurde- die Verkörperung der blutdürstigen orientalischen Despotie.

Somit befinden wir uns mit dem Jahr 1798 am Ende einer dunklen geschichtlichen Episode, in der England und Frankreich völkerrechtlich gesehen auf sich schwerste moralische Schuld gegenüber dem ägyptischen Volk geladen haben.

Dabei überwiegen die Verfehlungen der Engländer die der Franzosen.

Die eigennützigen Interventionen und die Aufhetzung der Bevölkerung am Nil gegen die Franzosen mündeten nämlich letztendlich in der unverzeihlichen Tat, bei der die Engländer zugelassen haben, dass die wehrlose und bereits am Boden liegende ägyptische Nation einer Horde mordender und plündernder albanischer Barbaren als ›Lohn‹ für ihren Kampf gegen den Franzosen überlassen wurde.
Der rücksichtslose Machtkampf zwischen den beiden europäischen Mächten führte letztlich dazu, dass die ägyptische Nation ihre kontinuierlich gewonnene Identität und ihre kulturellen Grundpfeiler aus den davor liegenden vier Jahrhunderten unwiederbringlich verlor.

Auch das bis dahin besonnene und gemäßigte Verhältnis zur Religion, die Toleranz gegenüber Andersgläubigen, erfuhr eine empfindliche und irreparable Hinwendung zum Radikalismus.
Somit wurde das Tor für den Kampf der Kulturen aufgestoßen, von dem sich der labile Osten nie mehr erholt hat.

»*Tötet die Christen und kämpft im Glaubenskrieg gegen sie*«, war nun nach der napoleonischen Zeit die Aufforderung der Hetzkampagne an die Ägypter, deren Nachhall dort bis zum heutigen Tag nicht selten zu vernehmen ist.
Die nun herrschenden strengen religiösen Sitten, von skrupellosen Herrschern und religiösen Eiferern als Machterhaltungsinstrument zur Unterdrückung des Volkes missbraucht, unterwanderten die staatlichen Strukturen und ebneten den Weg zur ewigen Antidemokratie.
Bleibt noch die Frage nach Murad Bek, dem einstigen Freund und Verbündeten der Franzosen.
Solange die Franzosen in Ägypten waren, hat er sie stets in Atem gehalten, bis sie schließlich notgedrungen die alte Freundschaft mit ihm erneuerten:

»Am gleichen Tag sandten sie französische Soldaten gegen Murad Bek in die Provinz Fajjum aus. Sie unterstanden einem hohen Offizier, und zwischen ihnen geschahen Dinge, über deren Einzelheiten ich keine Information erhalten konnte. Zwischen dem Bek und dem Oberbefehlshaber gingen Botschaften hin und her; am Ende kam ein Waffenstillstand zwischen ihnen zustande und wurden Geschenke ausgetauscht. Murad Bek versöhnte sich unter gewissen Bedingungen mit ihnen, unter anderem der, dass er die Herrschaft über Oberägypten unter ihrem Oberbefehl ausüben dürfte.«

Abbildung 13
Die französische Enklave Gizeh

Der von französischen Kartografen der Expedition dargestellte Ist-Zustand zeigt ein Gebiet, das mit einer Wehrumfassungsmauer umgeben und gut geschützt war. Hier befand sich unter anderem der Gizeh-Palast, wo Emir Murad Bek zu seinem eigenen Schutz sechs Jahre lang (1792 bis 1798) ununterbrochen verweilte und den Einfluss Frankreichs in Ägypten sicherte. Während dieser Zeit wurden die Staatsgeschäfte in seinem Namen im Kairoer Palast in der Qausum Straße abgewickelt. Al-Gabarti schreibt: »*Seine Residenz richtete er in dem Schloss von Gizeh ein. Er baute es aus und schmückte es; unterhalb errichtete er einen festen Landequai, in seinem Inneren pflanzte er einen herrlichen Garten an, in dem er alle Arten von Palmen, Bäume und Weinreben bringen ließ.*«

Nach der Schlacht bei Imbaba marschierte Napoleon nicht gleich auf der anderen Nil Seite in Kairo ein, sondern verweilte hier fünf Tage.

Dort hatte er eine geheimnisvolle Verabredung.

9. Kapitel
Die verratene Revolution
Anatomie einer Expedition

Bevor abschließend ein chronologischer Umriss der Ägypten Expedition erfolgt, gilt es eine Frage zur Klärung: Wer war der geheimnisvolle Hochverräter in den Reihen der Franzosen?

Diese Frage ist keineswegs Hypothetisch, sondern daran gibt es nicht den geringsten Zweifel, dass hinter der Kulisse all dieser historischen Ereignisse ein französischer Hochverräter die Fäden in der Hand hielt.

Al-Gabarti, einer der damals bestinformierten Chronisten in Kairo, hat in seinen Werken einfach viele Fakten zusammengetragen, die sich mitunter täglich vor seinen Augen in der Hauptstadt abspielten. Hinter vielen dieser Berichte schlummerten Andeutungen, die er begriff, andere aber galten für ihn als klärungsbedürftig.

Dennoch hat er auch diese Fakten in seinen Werken festgehalten, weil der weitsichtige Chronist der Überzeugung war, wenn nicht er, dann vielleicht ein anderer in den kommenden Generationen daraus Nutzen ziehen könnte.

Und eben aus der Fülle seiner Informationen, lässt sich die Spur zu diesem Verräter führen.

Vor Eintreffen Napoleon in Ägypten, wusste Al-Gabarti über Bautätigkeiten der Franzosen im großen Umfang zu berichten, von denen die einen industrieller Art, andere Luxuspaläste und große Gebäude waren, die zugleich voll eingerichtet wurden. Alles, was auf diesem Gebiet unternommen wurde, wurde von ägyptischen Strohmännern, mitunter von den regierenden Mameluken Emir Murad Bek abgewickelt.

Die meisten der Häuser wurden nach der Fertigstellung mit wertvollem Inventar versehen und anschließend versiegelt.

Einer dieser Luxuspaläste sollte später Napoleon als Residenz dienen:

»Am Dienstag, dem 10, (24. Juli 1798), setzten die Franzosen auf das Ufer von Kairo über, und Bonaparte nahm Wohnung im Palast des Muhammad Bek al-Alfi in der Azbakija im Viertel as-Sakit, den der erwähnte Emir im Jahr zuvor erbaut hatte, Er hatte ihn reich geschmückt, große Geldsummen dafür ausgegeben und ihn prachtvoll möbliert.«

Auch ein weiteres Haus erbaut von Kasif Mustafa, befand sich wertvolles wissenschaftliches Inventar:

»Er (der französische General Caffarelli) *wohnte oft im Haus des Kasif Mustafa. (….) In jenem Haus hatten sie viele kunstvolle Instrumente und seltsame Brillen, Geräte für Astronomie, Geometrie und mathematische Wissenschaften sowie ähnliche Dinge ohnegleichen.«*

All diese Häuser wurden trotz strengster Diskretion gezielt ausgeplündert, wobei der Verlust jene Gegenstände aus dem Haus des Kasif Mustafa ein schwerer Verlust für die Franzosen bedeutete:

»Dies schmerze die Franzosen sehr, und sie suchten lange Zeit nach jenen Geräten.«

Diese im großen Stil durchgeführten Plünderungen zu verschiedenen Zeiten, begründeten den von Napoleon erlassenen Dekret, Paragraph 4, nach der Landung:

»Die Scheichs eines jeden Ortes sollen allen Besitz, Häuser und Güter, die den Mameluken gehören, versiegeln; sie haben große Sorge zu tragen, dass nicht das geringste davon verloren gehe.«

Also wenn von namhaften ägyptischen Strohmännern errichtete französische Bauten in Ägypten gezielt geplündert wurden, dann können entsprechende Hintergrundinformationen an die Verschwörer nur von einem Franzosen zugeleitet wurden, der zu all diesen geheimen außenpolitischen Aktivitäten vollen Zugang hatte.

Auch die Preisgabe der Seeroute der französischen Flotte im Mittelmeer an die englische Admiralität, untermauert den hohen Rang dieser Person in der Executive, verrät aber zugleich seine politische Funktion.

Es muss jemand sein, der viel reiste und dabei vornehmlich Kontakte zu ausländischen Repräsentanten wahrnehmen konnte, ohne dabei Verdacht zu erregen.

Und hierfür käme nur eine einzige Person in der französischen Riege in Frage: der Außenminister Charles Maurice de Talleyrand-Périgord!

Charles Maurice de Talleyrand-Périgord (1754-1838), Spross eines der ältesten französischen Adelsgeschlechter, wurde im Jahre 1779 nach seinem Priesterseminar zum Priester geweiht und zum Abt von Saint-Denis ernannt.

Im Jahre 1780 wurde er zum Generalagenten des französischen Klerus und schließlich 1788 zum Bischof von Autun ernannt. Er war ein Befürworter der Revolution, und setzte sich für Reformen ein.

Als er 1791 einen Eid auf die neue Zivilverfassung des Klerus ablegte, musste er nach Intervention des Papstes sein Bischofsamt niederlegen. Bald darauf wurde er als Sympathisant der Royalisten verdächtigt und musste 1792 Frankreich verlassen.

Zunächst ging er nach England, wurde dort 1794 ausgewiesen und setzte sich dann in die USA ab. Zwei Jahre später kehrte er nach Frankreich zurück und wurde 1797 vom Direktorium als Außenminister berufen. Im Juli 1799, etwa ein Jahr nach der Ägypten-Expedition, trat er zurück, unterstützte den Staatsstreich von November 1799 durch Napoleon und wurde sein Außenminister. In Europa galt er als der genialste Außenminister seiner Zeit, allerdings aber auch als einer der umstrittensten.

Talleyrand trat schon früh als Verräter auf. Beim Fürstentag von Erfurt 1808 warnte er unverhüllt den Zaren Alexander I. vor Napoleon: *»Das französische Volk ist zivilisiert, sein Herrscher ist es nicht«* – somit beging er Hochverrat.

Einen weiteren beging er, als er nach Napoleons Russland-Debakel geheime Gespräche mit den Bourbonen anknüpfte und nach Napoleons Fall gleich auch deren Außenminister wurde.

Dass er im Geheimen über zuverlässige und einflussreiche europäische Verbündete verfügte, hat er während des Wiener Kongresses unter Beweis gestellt.

Dort gelang es ihm das Husarenstück, dass Napoleon und nicht Frankreich auf der Anklagebank saß.

Aus seinem intriganten Talent machte er keinen Hehl als er über sich selber behauptete: *»Ich habe immer nur konspiriert, wenn ich die Mehrheit der Franzosen als Komplizen hatte.«*

Doch von seinen zahlreichen Konspirationen blieb wohl die spektakulärste verborgen, die aller Wahrscheinlichkeit nach seinem ersten Hochverrat bedeutete und die Ägypten-Expedition erst ermöglichte.

Vor der Expedition hatte Napoleon viele Gegner in Europa brüskiert mit der Folge, dass Frankreich von allen Seiten von Feinden umgeben war, die trotz aller bestehenden Friedensverträge nur noch auf einen günstigen Zeitpunkt warteten, um nicht zuletzt Vergeltung für die Schmach in Italien zu nehmen.

Auch die Demütigung des Papstes und der damit verbundene Wunsch, das Papsttum wiederherzustellen, rief weitere lauernde religiöse Fanatiker auf den Plan.

Napoleon verließ einen politisch völlig unberechenbaren und labilen europäischen Kontinent mit der einzigen französischen Flotte und der ruhmreichen Italienarmee, mit der er dann in Ägypten in langwierige Kämpfe verwickelt wurde und schließlich die Flotte auf einen Schlag verlor. Dennoch geschah in Europa während dieser Zeit nicht das, was hätte eigentlich geschehen müssen: der Angriff auf das mehr oder weniger schutzlose Frankreich.

Wenn die Gegner Frankreichs nicht augenblicklich angriffen, wann dann überhaupt?

Dass dies dennoch nicht geschah, ist ein Beleg dafür, dass es Talleyrand in geheimer Diplomatie die Zusicherung der Kontrahenten erwirkte, dass das Mutterland während der Ägypten-Expedition unangetastet blieb.

Dies würde zugleich bedeuten, dass es eine geheime europäische Allianz gegen Napoleon gegeben hat!

Demnach ist mit gutem Grund davon auszugehen, dass der Korse selber das eigentliche Problem war.

Und dies wiederum untermauert die These eines Komplotts unter der Führung Englands, das zum Ziel hatte, Napoleon und seine Armee im fernen Ägypten zu entkräften.

Unvermeidlich drängt sich allerdings hier die Frage auf, wie es dem Quertreiber und Verräter Talleyrand möglich war, so lange seine Dienste an der Seite Napoleons aufrecht zu erhalten?

Die „Anatomie" einer der fragwürdigsten Militärexpeditionen der Moderne, lässt sich wie folgt zusammenfassen:

Die geheimen Aktivitäten der Franzosen in Ägypten, welche auf die Schaffung einer neuen Weltordnung zielten, reichten bis zurzeit des Sonnenkönigs Ludwig XIV. zurück.

Im Mittelpunkt dieser Zielvorstellung stand zunächst keineswegs, wie oft behauptet wird, eine Kolonisierung Ägyptens mit Waffengewalt, sondern langfristige systematische Vorbereitungen vor Ort sollten letztlich von innen heraus den Weg für eine heimische Herrscherstruktur ebnen, die dann Ägypten in den Machtbereich Frankreichs geführt hatte.

Die Moslems in Indien waren weitere Verbündete im Rahmen dieser politischen Achse.

Al-Gabarti wusste von einem moslemischen indischen Führer namens Tippu zu berichten, dessen Kontakte nach Ägypten und später nach Frankreich schon vor der französischen Revolution bestanden hatten:

»Jener Tippu ist der, der nach Istanbul Geschenke geschickt hatte, darunter zwei Vögel, die in der indischen Sprache redeten, ferner einen Thron und eine Estrade aus Aloeholz. Er forderte, dass ihm Hilfe gegen die Engländer geleistet werde, die ihn in seinem Land bekämpften. Sie versprachen und gewährten sie ihm und schrieben ihm Briefe und Befehle. Er war auch nach Ägypten gekommen, und zwar im Jahr 1202 (1787/88) in den Tagen des Sultans Abd al-Hamid; (...) Er war ein Mann, der auf einem schönen Thron von wundersamer Arbeit zu sitzen pflegte, den seine Gefolgsleute auf ihren Nacken trugen. Später war er nach Frankreich gezogen und war mit dessen König zusammengekommen, bevor die Franzosen nach Ägypten gekommen waren. Er hatte mit ihm geheime Abmachungen getroffen, die niemand kannte außer den beiden; dann war er auf dem Weg übers Rote Meer in sein Land zurückgekehrt.«

Als Napoleon sich noch in Ägypten aufhielt, versuchte er vergeblich diese Allianzachse zu aktivieren:

»Als die Franzosen nach Ägypten gekommen waren, schrieb ihr Oberbefehlshaber über jenes Geheimnis an Tippu.«

Vor der Belagerung Akkon hatte Napoleon vergeblich auf eine Antwort aus Indien gewartet. Da die Achse Tippu nicht funktionierte, war für Napoleon eine von mehreren Gründen, dass die Einnahme Akkons fehlschlug:

»Die Ankunft einer Antwort auf einen Brief, den wir an Tippu, einen der Könige von Indien, geschrieben hatten. Wir hatten ihn gesandt, bevor wir vor Akka gezogen waren.«
Tippu Sultan (1750-1799), ein Sohn und Nachfolger Hyder Alis, herrschte über Mysore im Süden Indiens.

Er war ein erbitterter Gegner der Engländer. Von den drei Kriegen, die er gegen sie führte, gewann er den ersten. 1792 wurde er allerdings in Shrirangapattana geschlagen. Kurz darauf schlug sein Versuch fehl, sich aus der feindlichen Umklammerung zu befreien. Im Jahre 1799, also ein Jahr nach der Zerschlagung der französischen Ägyptenarmee, griffen die inzwischen politisch erstarkten Engländer erneut an und zerstörten Shrirangapattana fast vollständig.
Tippu Sultan kam dabei ums Leben.
Der Inder war ein Anhänger der Ideale der französischen Revolution und der Aufklärung, sprach mehrere Sprachen und galt als toleranter Muslim. Welche Rolle den indischen Moslems später bei der französischen Endlösung zugedacht war, bleibt ungeklärt.

Demnach ist davon auszugehen, dass geheime Absprachen zwischen England und der Türkei bereits zu der Zeit bestanden haben, als Tippu den Schulterschluss mit seinen moslemischen Brüdern in der Türkei suchte.
Dabei gilt es als sicher, dass es Tippus verhängnisvollster Fehler war, seinen moslemischen Brüdern in Istanbul zu vertrauen.
Diese rege Geheimdiplomatie ein Jahr vor Ausbruch der Französischen Revolution wurde in Ägypten von erbitterten und unheilvollen Machtkämpfen begleitet, die über die Hauptstadt Kairo wie ein wütender Sturm hinwegfegten und al-Gabarti bewogen, das Jahr 1788 als » *jene üble Periode*« zu bezeichnen.
Die beiden Emire Ibrahim und Murad Bek gingen letztlich daraus als Sieger hervor.
Mit diesem entscheidenden Erfolg kehrte das Frankreich freundlich gesonnene Regime an die Macht zurück.

Dieser Sieg bedeutete zugleich eine Niederlage der im Hintergrund intervenierenden Engländer, die mit Hilfe geheimer Absprachen mit der Hohen Pforte in Istanbul darauf bedacht waren, die bereits erstarkte Machtstellung Frankreichs in Ägypten zu brechen.

Die Machtfestigung der beiden Mameluken-Emire bewirkte, dass der Einfluss der Türken am Nil weiterhin geschwächt wurde.

Die systematische Abkopplung Ägyptens aus dem Einflussbereich der Türken begann bereits zurzeit des Emir Ali Bek al-Kebir (der Große). In den Jahren seiner Herrschaft (1755-1772) hat er das Land fast vollständig dem Einfluss der Hohen Pforte entzogen und die Offiziere der türkischen Regimenter weitgehend aus der Macht verdrängt, die sie bis dahin ausgeübt hatten.

Sein ›goldener‹ Nachfolger Abu Dahab, welcher plötzlich mit Gold um sich warf und über die Wunderkanone ›*Vater der Meile*‹ verfügte, setzte konsequent diese Politik fort, eroberte Jaffa und Akkon, wo er kurz darauf unter mysteriösen Umständen starb.

Diese in Ägypten von den Franzosen entwickelte Wunderwaffe wurde von den Engländern erbeutet, als Napoleon und seine Armee auf dem Vormarsch Richtung Jaffa und Akkon waren:

»*Sechs Schiffe, die von Alexandria ausgesandt wurden und auf denen sich große Kanonen befanden, seien von den Engländern vor Jaffa erbeutet worden.*«

Nach der Französischen Revolution nahmen das Engagement und die Aktivitäten der Franzosen in Ägypten völlig neue Dimensionen an, wobei alles darauf hindeutet, dass Ägypten im Rahmen der politischen Endziele Frankreichs zur Gründung eines Weltreiches die tragende Säule und Mittelachse verkörperte.

Hierzu waren ungeheure Anstrengungen und gigantische Investitionen nötig.

Zunächst musste die Frage der Führung im Land im Sinne Frankreichs gelöst werden.

Dabei fiel aus nicht mehr nachvollziehbaren Gründen die Wahl auf den blonden Murad Bek. Sein labiler Charakter begünstigte offensichtlich seine Wahl.

Den Franzosen gelang es schließlich, Murad Bek zum absoluten Herrscher über Ägypten als Marionette zu installieren, während Ibrahim Bek, Handlanger der Hohen Pforte und somit auch Englands, daneben regierte.

Demnach gab es keine einheitliche Zentralregierung in Kairo, sondern zwei rivalisierende Herrscher, die sich wenn auch verdeckt mit allen Mitteln gegenseitig bekämpften und somit die innere Stabilität und Sicherheit des Staates immer weiter aushöhlten.

Ägypten, das bis dahin trotz der Mameluken Herrschaft nach Jahrhunderten kontinuierlich positiver Entwicklung zu einem Schmelztiegel religiöser Toleranz und Fortschritt, Wohlstand und kultivierter Lebensweise aufgestiegen war, wurde zum Spielball der beiden europäischen Mächte, die nur darauf bedacht waren, die eigenen Interessen skrupellos zulasten der ägyptischen Nation durchzusetzen.

Dabei wurden die beiden Emire und ihre Untertanen beliebig wie Schachfiguren gegeneinander aufgewiegelt und sie engagierten sich zum Leidwesen der ägyptischen Nation für eine Sache, die nicht die ihre war.

Nachdem die Machtfrage geklärt war, gingen die Franzosen daran, ihre Ziele nach einem genau festgelegten Plan zu verwirklichen.

Sie entfalteten im Namen des Murad Bek ein beispielloses Engagement in Unterägypten, das gigantische Dimensionen annahm und für den inländischen Betrachter den Anschein erweckte, als sei der fettleibige Emir der Urheber des Ganzen.

Auch der sonst so aufmerksame al-Gabarti vermochte nicht diese politischen Zustände zu durchschauen.

Dementsprechend löste das Verhalten des Emirs immer wieder Unverständnis und Entrüstung bei seinen Landsleuten aus, die beim besten Willen den Sinn seiner Taten nicht zu verstehen vermochten und obendrein so manche Schritte aus moslemischer Sicht als schändlich und entehrend empfanden.

Im Auftrag von Murad Bek und den französischen Agenten wurden rege Bautätigkeiten im Land aufgenommen, wobei in den besten Lagen Kairos manche Gebäude einschließlich geheimnisvollem Inventar und ebenso feudale Paläste mit edlen französischen Mobiliar und Gegenständen des kulturellen Lebens errichtet wurden, um sie schließlich für den ›Tag X‹ einzumotten und zu versiegeln.

Der Tag also, an dem die Macht im Land an Frankreich übergehen sollte.

Als Napoleon am 24. Juli 1798 auf das östliche Nilufer übersetzte und in Kairo einmarschierte, zog er in einen dieser Paläste, den ein Emir ein Jahr zuvor bauen ließ:

» (…) *und Bonaparte nahm Wohnung im Palast des Mohammad Bek al-Alfi in der Azbakija im Viertel as-Sakit, den der erwähnte Emir im Jahr zuvor erbaut hatte. Er hatte ihn reich geschmückt, große Geldsummen dafür ausgegeben und ihn prachtvoll möbliert (…) Sie räumten ihn und ließen ihn mit allem, was darin war, zurück, als hätte er ihn für die Franzosen erbaut. Dasselbe geschah mit dem Haus Hasan Kasif Cerkes in Nasirija.*«

Demnach waren viele Häuser in den verschiedensten Größen und für unterschiedliche Zwecke zur späteren Aufnahme der Franzosen und ihrer Führung mit hohem Aufwand errichtet, reichlich möbliert und mit edlem Inventar bestückt und dann verschlossen und versiegelt wurden.

Auch weiträumige Ländereien in bestimmten Gebieten, allen voran in der Hauptstadt des Alten Reichs Memphis, ebenso die Gebiete um die Stadt Bulaq und der Hafen von Imbaba wurden auf verschiedenen Wegen erworben.

Und so gerieten im Laufe der Zeit Gizeh und Umgebung indirekt in französisches Eigentum als eigenständige Enklave, in der für Unbefugte der Zutritt untersagt war.

Es entstand ein Staat im Staate.

Hier im Schatten der Pyramiden wurden dann Anlagen erschaffen, die nach der Beschreibung al-Gabartis die überlieferte Tradition über die Beschaffenheit des Paradieses nach islamischen Glauben Rechnung trugen.

Der geheimnisvolle Palast von Gizeh könnte aus dieser Sicht und nicht zuletzt aufgrund des Entstehungsorts mehr einem Heiligtum als einem Palast entsprochen haben oder aber auch einer Kombination von beiden.

Dort abgeschottet schossen zugleich modernste Industrieanlagen wie Pilze aus dem Boden, die überwiegend der Produktion militärischer Güter dienten.

Kriegsmaterial und Ausrüstungen türmten sich in speziell dafür geschaffenen Depots auf.

Niemals zuvor in der Geschichte Frankreichs hatten Investitionen außerhalb des Landes solche gigantischen Dimensionen erreicht, wie zur fraglichen Zeit am Nil.

Doch man kann davon ausgehen, dass die militärische Industrialisierung dort nicht erst nach der Revolution in Angriff genommen wurde.

Viele Anzeichen sprechen dafür, dass dort bereits während der Regierungszeit des Sonnenkönigs Ludwig XIV. französische Experten jenseits neugieriger europäischer Augen an geheimen Orten an der Entwicklung und Produktion von modernsten Waffen maßgeblich beteiligt waren.

Hierzu zählt insbesondere eine Wunderkanone, die nach al-Gabartis Aussagen ›*Vater der Meile*‹ genannt wurde, weil sie ihre Kugeln so weit abfeuerte. Es war eine Wunderwaffe, die offensichtlich der Fantasie eines Jules Verne nacheiferte.

Diese Wunderkanone konnte auf speziellen Kriegsschiffen installiert werden.

Mit Hilfe dieser modernen Ausrüstung gelang es Emir Abu Dahab im Jahre 1775 im Rahmen eines Syrienfeldzugs das schwer einnehmbare Akkon zu erobern, ein Erfolg, der später Napoleon versagt blieb und die Endstation seiner Orientfeldzüge bedeutete:

»Er (Abu Dahab) *hatte für den Krieg gewaltige Vorbereitungen zur See und auf dem Lande getroffen: er hatte die Schiffe mit Vorräten, Geschützmunition, Kanonen und Geschossen beladen, auch mit der großen Kanone, die man „Vater der Meile" nannte.«*

Auch wurde an einer schlagkräftigen Flotte an den Werften des Hafens von Imbaba und Umgebung getüftelt: die sogenannte Nil- oder Orientflotte.

Ein Heer französischer und ausländischer Fachkräfte zimmerte spezielle Kriegsschiffe, die äußerst schnell und manövrierfähig waren, wovon mehrere mit jener Wunderkanone bestückt und wegen ihrer Wendigkeit hervorragend geeignet waren, in flachen Gewässern und Küstenbereichen zu operieren. Ihre außergewöhnliche Schlagkraft bestand darin, bereits außerhalb des damals üblichen Wirkungskreises von Kriegsschiffen sichere Treffer zu landen und somit sich der Küste nähernde feindliche Schiffe rechtzeitig eliminieren zu können. Sie stellten somit eine ernsthafte Bedrohung für die englische Flotte dar.

Andere Schiffe dienten als schwimmende Versorgungs- und Nachschubdepots für militärische Rüstungen, weitere als weiträumige Truppentransporter.

Diese nicht einmal in französischen Geschichtsbüchern bekannte Nilflotte war eine bedeutende Rolle in den militärischen Überlegungen der Franzosen zugedacht und stellte eine wichtige Ergänzung zu der aus dem europäischen Kontinent ausgelaufenen französischen Armada dar.

Das gigantische Aufrüstungsprogramm und die Industrialisierung Unterägyptens muss damals den gesamten ägyptischen Staat erfasst haben, wodurch das zivile Leben empfindlich gestört wurde. So berichtete al-Gabarti in diesem Zusammenhang, dass neben den ausländischen Beschäftigten auch alle einheimischen Schmiede, Eisengießer und Zimmerleute zur Arbeit verpflichtet wurden, ebenso das zu der fraglichen Zeit Rohstoffe, importierte wie heimische, knapp wurden.

Und dafür gibt es nur eine Erklärung: Im Namen der Franzosen wurden Löhne und Preise bezahlt, die weit über den üblichen lagen.

»Er (Murad Bek) verpflichtete alle Schmiede, Eisengießer und Zimmerleute zur Arbeit und suchte alles importierte Eisen zusammenzubringen, auch Blei, Kohle, Brennholz, bis am Ende all diese Waren knapp wurden (…) So auch Schnittholz, Lupinen und Durra, die zum Brennen von pulverisiertem Kalk für Gips und zum Bauen gebraucht werden.«

Und alles spricht dafür, dass das französische Universalgenie Nicolas Conté eine führende Rolle bei der Planung, Durchführung und Koordination der französischen Vorhaben am Nil innehatte und oft zwischen Ägypten und Frankreich „pendelte".

Unter seiner Regie entstanden gewaltige Industrieanlagen, die von Uniformen bis hin zu Pulverfabriken und schweren Kanonen alles zu produzieren im Stande waren.

»Er ließ sich ferner ein gewaltiges Arsenal bauen und forschte nach Herstellern von Kriegsgeräten wie Kanonen, Geschossen und Bomben, Kugeln und Chemikalien. Er erstellte Pulverfabriken, die anders waren als jene, die es im Land gab.«

Zu den verhängnisvollen Fehlern der Franzosen in Ägypten gehörte zweifellos die sorglose Berufung vieler ausländischer Legionäre und Arbeitskräfte. Eine beträchtliche Anzahl an Soldaten und Matrosen wurde ins Land geholt, für die *»hohe Löhne und Unterhaltungssummen«* ausgegeben wurden.

Der Strom an ausländischen Söldnern barg ein unkalkulierbares Risiko in sich. Unter sie mischten sich Agenten und Kollaborateure, die im Auftrag der englischen Krone arbeiteten und als ›Schläfer‹ die vielen französischen Vorhaben unterwanderten.

Sie waren später in Rahmaniya die Hauptakteure, die das entscheidende militärische Desaster der Orientarmee im richtigen Moment einleiteten, wodurch die geplante politische Militärehe zwischen Napoleon und Murad Bek abgewendet wurde.

Gewisse Andeutungen bei al-Gabarti lassen den Schluss zu, dass Murad Bek wegen seines ungewöhnlichen Verhaltens zur Zielscheibe mehrerer Verschwörungen wurde und ständig seinen Aufenthaltsort wechselte. Doch innerhalb der Stadtmauer von Kairo gab es in diesen chaotischen Zeiten letztlich keinen verlässlichen Schutz für den Garant französischer Interessen im Lande.

Kurzerhand wurde dann der Ägypter in den Palast von Gizeh versetzt, wo er in diesem Sperrgebiet und von treuen französischen Söldnern umgeben vor Feinden und Verschwörungen sicher war.

Sein Palast innerhalb der Kairoer Stadtmauern in der Qausum-Straße blieb jedoch als Machtsymbol in gewohnter Funktion erhalten.

Dort haben neben seinem Wesir Ibrahim as-Sinnari auch Ali Pascha at-Tarabulsi und Nasuh Pascha die Staatsgeschäfte in seinem Namen abgewickelt.

Dieser Zustand soll sechs Jahre gedauert haben, in deren Verlauf der Vasall in französischem Luxus badend immer fettleibiger und Träger wurde.

Die Aufrechterhaltung dieser gigantischen französischen Enklave forderte allerdings ihren Tribut.

Ein kontinuierlicher Import war erforderlich, um einerseits den Ausbau und die Unterhaltung der Industrieanlagen zu gewährleisten und andererseits Söldner und Techniker ins Land zu holen.

Dies machte es notwendig, im Namen Murad Bek einen eigenen Hafen und Hafenbehörde in Damiette zu gründen:

»Er (Murad Bek) *ließ ein Sonderbüro für Waren einrichten, die in die Länder der Franken exportiert werden, und nannte es das Büro der Neuerung.«*
Immer wieder trafen in Damiette vollbeladene französische Schiffe ein, die nicht nur Güter aller Art nach Ägypten brachten, sondern

auch französische Wissenschaftler, Ingenieure und Militärexperten an Bord hatten.

Und kaum hatte die Fracht die Schiffe verlassen, schon wurden sie für die Rückreise voll mit altägyptischen Kulturgütern beladen.

Der Hafen von Damiette wurde somit zum größten Umschlagplatz für Kulturraub im großen Stil.

Was in Damiette geschah, entging al-Gabarti nicht:

»Doch jene schlechte Neuerung (Hafenbehörde von Damiette) *war eine der wichtigsten Ursachen dafür, dass die Franzosen mächtig wurden und Begierde nach dem Reichtum Ägyptens verspürten.«*

Die Gründung Damiettes entsprach ausschließlich französischen Bestrebungen, lautlos und ohne großes Aufsehen in Ägypten einzudringen, bis sie schließlich wie ein auswucherndes Geschwür ohne militärische Intervention das Land von innen heraus in Besitz ergreifen konnten.

Doch damit begingen die Franzosen einen weiteren strategischen Fehler.

Über Damiette konnten sie zunächst sämtliche Ein- und Ausfuhren unbehelligt und unter Ausschluss ägyptischer Kontrollen abwickeln und hierzu die für die Aufrechterhaltung der Enklave erforderlichen Geldsummen ungefährdet einführen.

Doch dies geschah zu Lasten der etablierten Hafenstadt Alexandria.

Sie wurde auf sträfliche Weise vernachlässigt, verlor immer mehr an Bedeutung und geriet am Ende völlig außerhalb französischen Einflusses, bis dort schließlich andere die Kontrolle übernahmen.

Und genau während dieser Umbruchperiode gelang unter dubiosen Umständen einem alexandrinischen Niemand eine beispiellose Blitzkarriere: Muhammad Kurajjim.

Sein Aufstieg wurde von der Hohen Pforte gesteuert und er wurde somit nichts ahnend zum effektivsten Verbündeten der Engländer, ohne jemals selbst zu begreifen, dass er, der Ausländer zu tiefst Verachtete, in Wahrheit einer ihrer Agenten war.

Die politischen Zustände in Ägypten konnten nicht ohne negative Folgen bleiben.

Unaufhaltsam steuerte das Land am Nil auf chaotische Zustände zu, in denen Piraterie, Korruption und Gesetzlosigkeit den Alltag der Ägypter überwucherten. Ein idealer Nährboden für die Agenten der englischen Krone und der Hohen Pforte, ihre Intrigen zu spinnen; nicht zuletzt dank Ibrahim Bek, den zweiten Emir.
Die Franzosen fühlten sich unbehelligt, solange der Nachschub aus dem Mutterland über den Hafen von Damiette ungestört ablief, in Gizeh und Umgebung die Aufrüstung und der Aufbau ziviler und militärischer Einrichtungen voranschritt und in Kairo diverse Bauobjekte planmäßig vorangetrieben werden konnten.
Als die napoleonischen Kriege und die damit verbundenen Triumphe in Italien (1796/1797) in vollem Gange waren, wurde die Aufmerksamkeit der Europäer vorwiegend auf den eigenen Kontinent gerichtet.
Ägypten rückte für eine Weile aus dem politischen Blickfeld.
Und dennoch spricht alles dafür, dass der Umsturz in Ägypten zugunsten Frankreichs weiterhin parallel vorangetrieben wurde, wenn auch mit gebremster Kraft.
Ebenso ist davon auszugehen, dass in Anbetracht des in Gizeh zusammengeballten militärischen Potentials die Übernahme der Macht in Ägypten mit Unterstützung des Vasalen Emir Murad Bek ohne Einmischung von außen hätte erfolgen sollen.
Alles in allem döste in Ägypten ein französischer Goliath, ein Ableger des Mutterlandes, der nur darauf wartete, zum richtigen Zeitpunkt aufgeweckt zu werden.
Doch die langjährige Planung der Franzosen zur lautlosen Übernahme der Macht am Nil blieb unvollendet.

Denn in Europa geschah etwas Unerwartetes.

Napoleon und seine Soldaten errangen spektakuläre militärische Erfolge und stiegen innerhalb kaum eines Jahres zur stärksten militärischen Macht des Kontinents auf.
Nach dem Italienfeldzug kam der junge General Bonaparte als ruhmreicher Held nach Hause, dem nun, wie einst Alexander dem Großen, der Nimbus der Unbesiegbarkeit vorauseilte.

Kurz vor Ende des Jahres 1797 hat Napoleon seinen politischen Einfluss in Paris bereits gefestigt und das ihm frenetisch zujubelnde französische Volk hinter sich geschart.
Die politischen Folgen blieben nicht aus.
Napoleons militärischer Aufstieg bewirkte zugleich, dass die politische Situation in Europa immer mehr aus dem Gleichgewicht geriet.
Zu der ideologischen Gefahr, die aus den Grundsätzen der französischen Revolution für die europäischen Herrscherhäuser ausging, gesellte sich nunmehr ein bedrohliches Instrumentarium: die unangefochtene militärische Überlegenheit.
Auf dem gesamten europäischen Kontinent gab es von nun an keine Militärmacht mehr, die die siegreichen Armeen um Napoleon auch im Ansatz die Stirn hätte bieten können.
Kaum waren diese neuen politischen Ereignisse in Europa verdaut, schon folgte der nächste Paukenschlag gegen das übrige Europa bzw. seine Monarchien.
Nach der Rückkehr aus Italien wurde Napoleon zum Oberbefehlshaber der Armee gegen England ernannt. Der neue Nationalheld sollte sich nun der Invasion Englands widmen, dem einzigen Land also, das sich noch im Krieg mit Frankreich befand. Vom 8. bis 20. Februar 1798 inspizierte er die inzwischen zusammengezogenen Truppen und Schiffe in den Kanalhäfen, während französische Pioniere in alle Richtungen an Möglichkeiten zur Überquerung des Kanals tüftelten.

Noch nie lauerte die Gefahr einer Invasion für England so greifbar nah und noch nie zuvor waren die französischen Bestrebungen so bedrohlich.

Sollte die Invasion gelingen, so wäre Frankreich zur alleinherrschenden Weltmacht aufgestiegen und hätte im Nachhinein ein Weltreich gründen können, das dem Alexanders in nichts nachgestanden hätte.

Demnach unterlag der nun angestrebte Krieg gegen England völlig anderen Gesetzen.

Ausschließlich von dessen Ausgang hing jede weitere politische Zukunft und Machtbestrebung Frankreichs ab.

Hier am Ärmelkanal, und nur dort, standen die Franzosen vor dem Scheideweg, an dem darüber entschieden würde, ob Frankreich zu der absoluten Weltmacht aufsteigen oder aber nur ein europäischer Staat von vielen bleiben sollte.

Alle zu der fraglichen Zeit aus der Sicht Frankreichs noch anstehende außenpolitische Probleme waren zunächst irrelevant und hätten sich nach erfolgreicher Unterwerfung Englands von selbst erledigt.

Warum nun Talleyrand ausgerechnet in dieser für Frankreich alles entscheidenden Phase zum Hochverräter wird, der Französischen Revolution den Rücken kehrt, ist kaum rational zu erklären.

Es müssen triftige Gründe vorgelegen haben, die eine Verschwörung und Kooperation mit anderen europäischen Mächten gegen Napoleon notwendig machten.

In enger geheimer Kooperation wird er zum Architekten und wegen seiner politischen Funktion zur Hauptfigur der Verschwörung gegen Napoleon.

Wo nun auch immer Napoleon seine politischen und militärischen Aktivitäten entfalten sollte, hatte Talleyrand bereits seine langen Schatten vorausgeworfen und die Kulisse des Geschehens mit seinen Mitverschwörern heimtückisch mit Intrigen und tödlichen Fallen gespickt.

Dabei verfolgten die Verschwörer ein strategisches Ziel in zwei Etappen.

Zuerst galt es, den siegreichen General von seinen Invasionsplänen abzulenken und ihn und seine gefürchtete Armee zum Verlassen des europäischen Kontinents zu bewegen, sie in der Fremde auf tückische Weise aufzureiben.

Die zweite Etappe betraf den eigentlichen Kernpunkt der Verschwörung: Eine Allianz zwischen Napoleon und der islamischen Welt mit allen Mitteln zu verhindern, die Moslems gegen ihn aufzustacheln.

Im Kreis der Verschwörer war die Türkei mit ihrem ägyptischen Verbündeten Ibrahim Bek der Dritte im Bunde.

Doch die Türkei, der Erzfeind der Europäer von gestern, war kein gleichwertiger Partner, sondern aus der Not geboren und nur wegen seiner Schlüsselrolle in Ägypten geduldet.

Dieser Umstand wurde durch die veränderten Machtverhältnisse in Ägypten nach der Niederlage der Franzosen deutlich sichtbar.

Nicht die Türken, sondern die Albaner unter Mohammed Ali rissen die Macht im Land an sich und schlugen einen politisch völlig unabhängigen Weg von Istanbul ein.

Dabei dürfte es als sicher gelten, dass die Türkei längst im Kreis der Verschwörer fest verankert war, lange bevor die französische Ägypten-Expedition ins Leben gerufen wurde.

Mit List und dosierten Geheiminformationen über die Aktivitäten der Franzosen, die Talleyrand stets prompt lieferte, präparierten die Engländer die türkischen Machthaber derart, dass sie schließlich nicht mehr in der Lage waren, zwischen Freund und Feind oder zwischen Moslems und Ungläubigen unterscheiden zu können.

Zur selben Zeit, als die Franzosen den Italienheld frenetisch bejubelten und ihm den Oberbefehl über die Invasionsarmee übertrugen, begannen sich jenseits des europäischen Kriegsgetümmels im Vorderen Orient seltsame Dinge abzuspielen, die den Verlauf der Geschichte grundlegend beeinflussen sollten.

Zunächst waren es vereinzelte Aktionen, die isoliert betrachtet keinen gemeinsamen Sinn zu ergeben schienen.

So war ein verstärkter Präsenz englischer Kriegsschiffe um Jaffa und Akkon zu beobachten, die Hand in Hand hinter den Kulissen mit den türkischen Verbündeten abgestimmt war.

Die Türkei kooperierte ausschließlich im Geheimen, gab sich nach außen neutral und blieb somit für Frankreich zunächst ein ›verlässlicher‹ Gesprächspartner.

Auch dies war von Beginn an Bestandteil des Komplottes.

Engländer und Türken hatten schließlich mit Hilfe des Emir Ibrahim Bek leichtes Spiel, den bereits indirekt bestehenden französischen Einfluss in dieser östlichen Region zu beenden und Jaffa und Akkon unter ihren Einfluss zu bringen.

Das Tor nach Damaskus und letztlich Asien war somit für Frankreich versperrt worden.

Doch Frankreich reagierte zurückhaltend auf die erste taktische Operation der Verschwörer.

Stets ging das Direktorium bei den undurchsichtigen Machtverhältnissen in Kairo davon aus, dass alles Antifranzösische, was in Ägypten zu vernehmen war, das Werk von Ibrahim Beks Mameluken gewesen sei.

Der nächste Schritt war, dass in Jaffa und Akkon mit Hilfe englischer Transportschiffe immer wieder albanische Armeeeinheiten zusammengezogen wurden.

Unter den albanischen Befehlshabern befand sich auch jener Mohammed Ali, der später zum blutdürstigen Despoten über Ägypten aufstieg, indem er das entstandene Machtvakuum zu nutzen wusste.

Aber weshalb wurden ausgerechnet Albaner von den Engländern als Söldner angeworben? Die Türkei, der wichtigste moslemische Träger der Verschwörung, konnte somit ihre vorgetäuschte Neutralität weiterhin wahren.

Zugleich konnten die Engländer sicher sein, dass der politische Einfluss der Türkei für die Zeit nach der Ägypten-Expedition in dieser für sie später wichtigen Region unbedeutend blieb.

Dann wird der erste wirksame Nadelstich gegen französische Interessen durchgeführt.

Ende 1797, Anfang 1798 marschierten die albanischen Einheiten in Richtung der französischen Hafenenklave Damiette.

Diese Einheiten wurden von jenen 10 englischen Schiffen unterstützt, die die Einheimischen in Alexandria am 24. Juni als erste Formation sichteten.

Nach einem kurzen Überraschungsangriff von See aus vernichteten die Engländer mehrere Kriegsschiffe, die zum Schutz des Hafens vor Anker lagen und zurzeit des Angriffes nicht einmal kampfbereit waren.

Dann sicherte die englische Flotte die Küste in dieser Region ab.

Schließlich kam die Stunde der wilden Albaner.

Sie überrannten die zahlenmäßig unterlegene maghrebinische Garnison und verrichteten dort grausame Massaker unter den Lebenden, plünderten alles, was dort zu kriegen war.

Die wahren Hintergründe dieser Operation blieben den Franzosen weiterhin verborgen.

Auch hier wurden die Mameluken als die Urheber ausgemacht, die nichtsahnend nach und nach zum Erzfeind Frankreichs wurden.

Diese Operationen sollten einen bevorstehenden, umfassenden politischen Umsturz vortäuschen, der in erster Linie gegen französische Interessen in Ägypten gerichtet war.

Doch die militärische Invasion der Albaner blieb begrenzt.

Mit der Besetzung von Damiette war ihre Aufgabe vorläufig erfüllt.

Sie schlugen ihre Zelte dort auf und richteten sich auf einen langen Aufenthalt ein.

An dieser Stelle lässt sich eine eigenartige Nachricht entschlüsseln, die al-Gabarti am 4. Juli 1798 aus Alexandria erhielt:

«Als der Mittwoch, der 20. Des Monats (Muharram, 4. Juli), anbrach, kamen Briefe aus der Hafenstadt und aus Damiette und Damanhur, die besagten, am Dienstag, dem 19., seien Schiffe und Geschwader der Franzosen angekommen.»

Alles spricht dafür, dass unmittelbar nach der Einnahme Alexandria die französische Flotte im Morgengrauen des 3. Juli einen Überraschungsangriff auf den Hafen von Damiette geführt hat, bei dem auch jene 10 englische Kriegsschiffe versenkt wurden.
Und dies erklärt, warum später statt 25 nur 15 englische Kriegsschiffe an der entscheidenden Seeschlacht in der Bucht von Abukir teilnahmen.

Die Engländer hatten also auch ihren „Abukir".

Mit der Besetzung Damiette, war die fließende Lebensader der Franzosen zum Mutterland gekappt, die französischen Enklaven von wichtigem Nachschub abgeschnitten.
Die gute Seite dieser Intervention bestand allerdings darin, dass der fettleibige Murad Bek sich nicht mehr an geraubten Kulturgütern bereichern konnte.
Als diese beunruhigenden Nachrichten endlich Paris erreichten, lösten sie zunächst widerwillige Tatenlosigkeit aus.
Denn hierdurch wurden die Franzosen zu einem ungünstigen Zeitpunkt in eine äußerst komplizierte politische Situation gezwängt, der sie, wenn überhaupt, nur mit unendlicher Besonnenheit hätten begegnen können.
Sofortiges Reagieren hätte die auf Hochtouren laufenden Invasionspläne über den Haufen geworfen und ein gigantisches militärisches Umdenken erforderlich gemacht.
Zudem hätte dies unweigerlich eine Kriegserklärung an die Adresse der Schutzmacht Türkei bedeutet, denen ein fester Platz in Napoleons Orientplänen als Verbündete zugewiesen war.

Und am Ende bliebe nach den kriegerischen Auseinandersetzungen in Ägypten nur noch verbrannte Erde.

Für Frankreich hieß letztlich die Devise, die weitere Entwicklung abzuwarten und die französischen Enklaven in Ägypten in Alarmbereitschaft zu versetzen.

Der erste Stich ins Wespennest blieb somit folgenlos.

Von den Verschwörern eine völlig unerwartete Haltung.

Nun waren die Verschwörer erneut am Zuge.

Weitere militärische Schritte schieden aus.

Wären die von der englischen Marine unterstützten Albaner Richtung Gizeh weitermarschiert, wozu sie zweifellos in der Lage gewesen wären, wäre Ägypten einschließlich der französischen Enklaven in wenigen Wochen überrannt worden.

Ägypten wäre aber somit für Frankreich auf lange Sicht verloren gewesen.

In diesem Fall hätte niemand den ›allwissenden‹ Napoleon von der Notwendigkeit einer kurzfristigen Ägypten-Expedition überzeugen können, um von der unmittelbar bevorstehenden Invasion am Ärmelkanal abzulenken.

Und Napoleon hätte jetzt erst recht mehr Motivation gehabt, die Invasion unter Bündelung aller Kräfte voranzutreiben.

Die Verschwörer mussten sich also erneut etwas einfallen lassen, etwas, das nicht mit militärischen Aktionen verbunden war.

Das Zauberwort hieß: Provokation und Erniedrigung!

Und somit war der ›Dominostein‹ Muhammad Kurajjim an der Reihe.

Er war der Nächste, der im Rahmen einer schier unglaublichen Kettenreaktion angestoßen wurde und die ihm vorbestimmte Rolle aus patriotischer Überzeugung mit seiner ganzen Kraft ausfüllte, ohne je zu begreifen, dass er nichts anderes als ein Werkzeug jener fremden Mächte war, die er immer zutiefst verachtet hatte.

Die Besetzung der Hafenstadt Damiette bewirkte in erster Linie, dass die ständig benötigten französischen Ein- und Ausfuhren nicht mehr erfolgen konnten und über einen anderen Hafen abgewickelt werden mussten, den die französischen Strategen bisher sträflich vernachlässigt hatten: den Alexandrinischen.

Und dort war Kurajjim nicht nur Befehlshaber der Stadt, sondern ihm unterstand die Aufsicht über den Diwan und die Zollbehörde der Häfen. Talleyrand fütterte seine englischen Mitverschwörer mit präzisen Angaben über Inhalte ganzer Schiffsladungen und noch dazu über Verborgenes, das an fremden Augen vorbei geschmuggelt werden sollte. Und dieselben Informationen landeten auf wundersame Weise über türkische Kanäle direkt bei Kurajjim und seinem Gefolge. Parallel dazu wurde Kurajjim von Gewährsmännern eingetrichtert, dass hinter dem verdächtigen Verhalten der Franzosen letztlich die Absicht bestehe, Ägypten in absehbarer Zeit zu überfallen und noch dazu, nach dem Christentum in Europa, nunmehr auch den Islam in Ägypten zu zerstören.

Die Indizien dafür, dass die Franzosen etwas Militärisches im Schilde führten, lieferte so manche hochbrisante Schiffsladung.

Und dass sie gottlose Geschöpfe waren, hatte sich längst überall herumgesprochen.

Also tat Kurajjim genau das, was man von ihm erwartete.

Er startete von Alexandria aus eine beispiellose Hetzkampagne gegen die „Ungläubigen" Franzosen, verunglimpfte und beschimpfte sie in übelster Weise in zahlreichen Rundschreiben, die er an führende politische und religiöse Persönlichkeiten in Kairo und Istanbul verschickte. Und nicht zuletzt forderte er die Regierenden auf, den Heiligen Krieg gegen sie auszurufen.

Zu seinem unverdrossenen Kreuzzug gegen alles Französische gehörte auch die Schikane, ihre Zölle wucherisch zu erhöhen:

»*Er* (Kurajjim) *steigerte die Zölle, Abgaben und Gebühren der Händler, besonders jedoch der Franzosen.*«

Doch es blieb nicht dabei.

Kaum hatten die Güter alexandrinische Häfen verlassen, lauerten im Auftrag Kurajjims und einiger Notabeln der Stadt überall im Hinterland Banditen und ergriffen die wertvollsten Güter, die die Alexandriner dann unter sich und anderen in Kairo teilten.

Auch enorme Summen Gelder, Lohn für die ausländischen Söldner und zur Finanzierung französischer Vorhaben, erreichten immer seltener die Kommandozentrale in Gizeh.

Ebenso gingen für die Aufrüstung benötigten Güter und Inventar der unterschiedlichsten Art zunehmend auf dem Weg verloren.

Dabei ist davon auszugehen, dass der gierige Kurajjim, der sich heuchlerisch nach außen als Hüter des Islams ausgab, sich auf Geldunterschlagung spezialisierte – »*und das Geld der Händler und der Regierung geraubt*« – und sein schlechter Ruf schließlich bis nach Frankreich drang.

Er war deshalb einer der Ersten im Land, der von französischen Agenten kurz vor der Landung Napoleons in Alexandria entführt und nach der Landung gefoltert wurde, um ihn zu zwingen, die geraubten Gelder und Güter zurückzugeben:

»*Als die Franzosen kamen und in Alexandria landeten, nahmen sie den erwähnten Sajjid Muhammad fest und forderten Geld von ihm. Sie bedrängten ihn und hielten ihn in einem Schiff gefangen.*«

Die allgemeine Hetze im Land gegen alles Französische bewirkte zugleich, dass auch in Kairo gezielt viele ihrer Einrichtungen überfallen und geplündert wurden. Der skrupellos auf dem Rücken der ägyptischen Bevölkerung ausgetragene Kampf der europäischen Mächte löste zudem einen misslichen Nebeneffekt aus, von dem das bis dahin gemäßigte Ägypten sich nicht mehr erholen sollte.

Kurajjim, entsprechend aufgewiegelt und aufgehetzt, steigerte sich immer mehr in die Rolle des Mahners der Nation, und er fühlte sich dazu berufen, das Unheil vom Islam abzuwenden.

Er richtete eindringliche Aufrufe nach Kairo und insbesondere an die geistige Führung in al-Azhar, in dem er an die Kreuzzüge erinnerte und offen zum Heiligen Krieg gegen die Ungläubigen Franzosen anstachelte.

»Als sie (die Franzosen) *nach Kairo kamen und das Schloss des Murad Bek besetzten, fanden sie dort Informationen von ihm mit Meldungen über sie und Aufrufen, gegen sie den Heiligen Krieg zu erklären, dazu auch Bemerkungen, dass er sie als geringfügig einschätzte und für unbedeutend nahm.«*

Dabei hatte er leichtes Spiel.
Stets waren die Franzosen erbitterte Gegner des Islams gewesen, als es darum ging, die Kreuzzüge zu führen.
Zuletzt war es ja auch ein französischer König, Ludwig VIII. (1248-1254), der Ägypten überfallen hatte, ebenso wie sein Nachfolger Ludwig der Heilige, Ludwig IX. (1226-1270).
Die Kreuzzüge hatten also bei den Franzosen Tradition.
Und so fand der Heilige Krieg in der islamischen Welt seine unrühmliche Wiederbelebung.
Auch innerhalb der Stadtmauern von Kairo spürten der französische Konsul und die Seinigen den eisigen Wind, der ihnen nun ins Gesicht blies.
Französische Paläste, Häuser und Verwaltungsgebäude wurden einer nach dem anderen gestürmt und ausgeplündert.
Unschätzbare Bibliotheksbestände, komplette Laboratorien und wissenschaftliche Instrumente aller Art, Kunstgegenstände und feinstes französisches Mobiliar fanden sich in unzähligen Häusern führender Mameluken wieder.
Mit jedem Tag wurde dann auch die Lage der Franzosen in Ägypten brenzliger und allmählich wuchs die Sorge über all das, was auf dem Westufer des Nils aufgebaut und gelagert wurde.

Dass die Plünderung französischen Eigentums kurz vor Eintreffen Napoleons in Alexandria eine historische Realität ist, untermauert jenes Sendschreiben, das Napoleon nach der Landung in Alexandria mittels seiner moslemischen Boten an die Machthaber in Kairo richtete, in denen er sie aufforderte, mit sofortiger Wirkung die Häuser der Mameluken-Emire und führenden Persönlichkeiten bis zum Eintreffen der Franzosen in der Hauptstadt zu versiegeln:

» *Paragraph 4.) Die Scheichs eines jeden Ortes sollen allen Besitz, Häuser und Güter, die Mameluken gehören, versiegeln; sie haben große Sorge zu tragen, dass nicht das geringste davon verloren gehe.*«

Die napoleonische Anordnung löste später die entsprechende Reaktion führender Persönlichkeiten in Kairo:

»*Sie hatten sich nämlich von dem Augenblick an, als ihnen die Nachricht aus Alexandria zugekommen war, damit befasst, ihre Güter aus ihren berühmten und bekannten Palästen in kleinere Häuser überzuführen, die niemand kannte.*«

Als Napoleon in Kairo einzog und feststellte, dass die Machthaber in Kairo seiner schriftlichen Aufforderung nicht nachgekommen waren und von dem französischen Eigentum weiterhin jede Spur fehlte, tadelte er die Mitglieder des Diwans:

»*Am gleichen Tag versammelten sich die Mitglieder des Diwans bei seinem Vorsitzenden, und brachte die Plünderungen von Palästen zur Sprache, die vorgekommen waren. Sie sagten zu ihm: ›Das waren der Pöbel und die Hefe des Volkes!‹ Er fragte: ›Aber warum haben sie das getan, wo wir euch doch aufgetragen hatten, die Häuser zu bewahren und zu versiegeln?‹ Sie entgegneten: ›Dies ist eine Sache, die zu verhindern wir keine Macht haben: das wäre vielmehr Obliegenheit der Regierenden!‹*«

Eines dieser Häuser, nämlich das des Hasan Kasif Cerkes in Nasirija, soll ein Prachtbau gewesen sein, der vor dem Versiegeln über eine üppige und luxuriöse Ausstattung verfügte. Dieses Haus besichtigte Napoleon unmittelbar nach seiner Übersetzung nach Kairo, wobei diese Begehung von einem französischen Künstler festgehalten wurde.

Der Ist-Zustand zeigt nur noch leere Säle, in denen gänzlich jedes Mobiliar fehlt.

Dieses Haus wird während der Anwesenheit der Franzosen in Kairo zu einem bedeutenden Forschungsinstitut eingerichtet.

Die Suche nach verschwundenem Mobiliar und anderen Gegenständen wurde nach dem Einzug in Kairo intensiv vorangetrieben:

»Die Franzosen öffneten einige der geschlossenen Häuser, die den Emiren gehörten; sie drangen ein und nahmen Dinge daraus; dann gingen sie wieder und ließen sie offenstehen. Dies dauerte einige Tage lang; dann stellten sie genau fest, welches die Häuser der Emire und ihrer Gefolgsleute waren.«

Die angestachelte Piraterie und Plünderung gegen die Franzosen lösten zahlreiche Berichterstattungen des französischen Konsuls in Kairo aus und ließen in Paris die Sorge aufkommen, dass Ägypten nunmehr im Chaos versinke und für immer verloren ginge.

Somit war Paris endlich an der Reihe zu entscheiden, wo die nächsten Dominosteine umgestoßen werden sollten.

Nun kam die Rolle des Architekten des Komplotts Talleyrand zum Tragen.

Welchen strategischen, militärischen und materiellen Wert Ägypten für die Franzosen bedeutete, bedurfte für die Mitglieder des Direktoriums keiner näheren Erläuterung.

Der Rest war nur noch eine Frage der Verpackung.

Wie einst die Schlange im Paradies, so sollte Talleyrand vor den Versammelten, unter denen sich auch Napoleon befand, mit einem

Ägypten-Apfel wedeln und die französische Lage dort und Frankreichs Zukunft insbesondere in schwärzesten Farben malen, dabei aber geschickt und dosiert ein verlockendes Türchen aus der Ausweglosigkeit offenlassen.

Schließlich folgten die Schmeicheleien.

Hatte nicht der junge General mit seiner Italienarmee in wenigen Monaten die mächtigsten europäischen Armeen brüskiert und vernichtend geschlagen? Was sind diese wilden orientalischen Räuberbanden im Vergleich zu all den modernen europäischen Armeen?

Die Mameluken zu unterwerfen dürfte eine leichte Aufgabe sein und die Eroberung Ägyptens überhaupt nur eine Frage von wenigen Monaten.

England konnte sich also noch ein wenig gedulden!

Und am Ende der Debatte biss der ruhmsüchtige Napoleon genüsslich in den ihm hingereichten Apfel, nicht zuletzt, weil er eigene große Pläne in Ägypten zu verwirklichen gedachte.

Doch nicht genug!

Ausgerechnet dieser Talleyrand sollte Napoleon bei seiner Mission politische Rückendeckung verschaffen.

Denn einer der wesentlichen Punkte in Napoleons Plan sah vor, dass nach der Besetzung Ägyptens eben dieser Talleyrand nach Konstantinopel reisen und die entsprechenden diplomatischen Schritte mit der Hohen Pforte aushandeln sollte, um die Türkei als Verbündete zu gewinnen, womit Napoleon Rückendeckung für sein weiteres Vorgehen im Orient erhielte.

Napoleon machte hier den Bock zum Gärtner.

Statt die Türken für Frankreichs politische Ziele zu gewinnen, hetzte Talleyrand über Napoleon und stellte ihn als Gottlosen dar, der in Wahrheit dem Islam den Todesstoß versetzen wolle.

Somit gelang es ihm, das Hauptanliegen der Verschwörer in die Tat umzusetzen: Zwiespalt zwischen Napoleon und der islamischen Welt zu säen und die Moslems gegen ihn aufzuwiegeln, was letztlich später zur Ausrufung des Heiligen Krieges durch Umar Efendi gegen den Franzosen führte.

Und während die Vorbereitungen für die Ägypten-Expedition auf Hochtouren liefen und Abstimmungen mit dem französischen Konsul in Ägypten erfolgten, zogen die Verschwörer im Hintergrund die letzten Fäden für eines der größten Verschwörungen der modernen Geschichte: ›die alexandrinische Schweinebucht‹!

Ohne einen einzigen Schuss auf dem eigenen Kontinent abzugeben, vergeudete Napoleon in der Ferne ein ungeheures militärisches Potential, das seines Gleichen suchte!

Die größte Gefahr, die für England vom europäischen Festland je ausging, war vorerst gebannt.

Als Fazit der Ägypten-Expedition ist mit gutem Grund davon auszugehen, dass Napoleons politisches Schicksal faktisch in demselben Moment besiegelt war, als er am 19. Mai 1798 mit seiner Orientarmee von Toulon aus in See stach.

Eine der geheimnisvollsten Persönlichkeiten der letzten Jahrhunderte verspielte somit nichtsahnend die historische Chance, die ihm seit seiner Geburt in die Wiege gelegt war.

Und es kann keinen Zweifel darangeben, dass Napoleon zwei völlig verschiedene historische Gesichter hatte; das vor der und das nach der Ägypten-Expedition.

Alles, was er dann nach der Flucht aus Ägypten in Europa unternahm, hatte mit seinen ursprünglichen politischen Zielen nicht mehr das Geringste zu tun und wirkt wie ein andauernder Rachefeldzug, weil ihm die „weltliche, die wahre Krone" in Ägypten versagt geblieben war.

Europa, mit dem der Korse sich wohl innerlich nie ganz identifizieren konnte, verkörperte die Umkehr von seinem ursprünglichen ideologischen Traum, der in enger Verbindung mit dem pharaonischen Ägypten und den Pyramiden von Gizeh stand.

Dem ewigen Lockruf des Heiligen Landes am Nil folgte Napoleon blind wie in Trance- und es wurde ihm zum Verhängnis.

Abbildung 14
Haus Hasan Kasef Cerkis

Das ein Jahr vor Ankunft der Franzosen errichtete Haus Hasan Kasifs verfügte vor dem Versiegeln über üppiges und luxuriöses Mobiliar. Napoleon besichtigte dieses Haus unmittelbar nach seinem Einzug in Kairo und nahm später dort Quartier. Der von dem französischen Künstler festgehaltene Ist-Zustand zeigt nur noch leere Säle. Das Haus war während der Anwesenheit der Franzosen in Kairo zu einem bedeutenden Forschungsinstitut eingerichtet worden.

Diese Abbildung veranschaulicht zudem auf beeindruckende Weise die hervorragende Arbeit des al-Gabarti. In seiner Chronik ist die Rede von einem außergewöhnlichen französischen Ingenieur namens Chaffarelli. Dieser war für die französische Armee unersetzbar: »*Sie* [die Franzosen] *erwiesen ihm große Ehre und maßen ihm große Bedeutung zu.*« Er starb während der Belagerung von Akkon. Nach al-Gabarti soll dieser Ingenieur im Volksmund wegen seines Holzbeins den Beinamen ›*Vater des Holzstücks*‹ erhalten haben. Unter der Delegation, die mit Napoleon das leere Haus von Kasif besichtigte, befand sich auch Chaffarelli (Zweiter von links) und Nicolas Conté (mit einer Augenkappe, links von Napoleon).

Abbildung 15
Charles Talleyrand

War der Franzose ein notorischer Verräter oder war Napoleon das eigentliche Problem der Europäer? Seine geheimen Machenschaften retteten England vor der napoleonischen Invasion, bedeuteten aber zugleich für Frankreich den Verlust der stärksten Armee ihrer Zeit. Somit war jede Ambition auf die Weltherrschaft dahin. Der Überlebenskünstler Napoleon entkommt der alexandrinischen Hölle und überzieht Europa mit einer einzigen Blutspur. War dies seine Rache für die entgangene Krone eines Weltreichs, die nur in Ägypten zu erlangen war?

Abbildung 16
Der Held von Abukir?

Ist Admiral Horatio Nelson der Held von Abukir oder entpuppt er sich letztlich als eine Fortsetzung der Tradition eines Francis Drake oder John Hawkins?

Hat er der französischen Armada nachjagen wollen oder sie lediglich aus gebührendem Abstand beschattet? Warum griff der Held der Meere nicht an, als am 22. Juni Teile der französischen Armada gesichtet wurden, sondern gab stattdessen den Befehl, mit voller Kraft Richtung Alexandria zu segeln, wo am selben Tag 10 englische Kriegsschiffe vor Alexandria erschienen waren und den Versuch unternahmen, im alexandrinischen Hafen Stellung zu beziehen? Verdankt Nelson seinen Ruhm von Abukir albanischen Saboteuren?

Al-Gabarti schreibt: »*Tatsache war jedoch, dass die Engländer den Franzosen nach Alexandria gefolgt waren (…) Sie eroberten einige und verbrannten ein großes Schiff, das den Namen Die halbe Welt trug.*«

Abbildung 17
Die ungleiche Seeschlacht

Als Admiral Nelson am 1. August 1798 etwa gegen 15 Uhr die französische Flotte angreift,
war die Schlacht praktisch bereits entschieden!
3 Stunden vor Ausbruch der Kämpfe mischten sich bei der Vorbereitung für die
Schlacht Sabotagekommandos unter die an Bord der Schiffe Ankommenden,
die in erster Linie die Steuerungen der Schiffe unbrauchbar machten.
Als das Flaggschiff L'Orient gegen 22 Uhr explodierte, stand die französische
Armada immer noch in Reih und Glied wie sechs Stunden zuvor. Nelson nahm die fast
wehrlose, manövrierunfähige Flotte von beiden Seiten unter Beschuss und veranstaltete
ein beispielloses Gemetzel.

Abbildung 18
Napoleon und seine Memoiren

Selbst als Napoleon auf St. Helena dem jungen Las Cases seine Memoiren diktierte,
blieben ihm noch die wahren Gründe seines Scheiterns verborgen.
Vergeblich suchte er nach den Gründen, die ihn letztendlich nach St. Helena führten.
Der »blinde Fleck« in seinem Leben heißt ›Rahmaniya‹!
Nie wird Napoleon begreifen können, was ihm und seiner einst
ruhmreichen Armee in Ägypten tatsächlich widerfahren war.

Nachbetrachtung

Die napoleonische Ägypten-Expedition, welch ein dunkles Kapitel der Geschichte!

Dank al-Gabartis Chronik gelang es, einen beachtlichen Teil jener verschleiernden Nebel des Jahres 1798 zu lüften.

Allerdings konnte dies nicht in dem Umfang geschehen, der erforderlich wäre, um das napoleonische Drama in seinem gesamten Spektrum zu erhellen.

Warum der charismatische General nach seinen Triumphen in Italien den Kampf gegen den Erzfeind England nicht konsequent durchführte, um erst die politischen Machtverhältnisse auf dem heimatlichen Kontinent zu festigen, und stattdessen bei Nacht und Nebel sein verhängnisvolles Ziel am Nil ansteuerte, darauf konnte in diesem Buch eine einleuchtende Antwort gefunden werden.

Doch diese Antwort löst zugleich neue Fragen aus.

So drängt sich in erster Linie die Frage nach den Motiven auf, die Talleyrand dazu bewogen haben, im Geheimen ein Komplott mit seinen europäischen Widersachern zu schmieden, um sich Napoleon im fernen Ägypten zu entledigen?

War Talleyrand ein notorischer Hochverräter, oder war Napoleon vielmehr selber das Problem, da er zwangsläufig die verfeindeten europäischen Mächte hinter den Kulissen gegen Frankreich einigte?

Auch manche napoleonische Handlungsweise in Ägypten gibt zusätzliche Rätsel auf.

Warum verharrte er drei Tage lang abwartend nach der Schlacht bei Imbaba in dem Palast von Gizeh und verspielte somit die Früchte seines Sieges, und warum sollten die großen islamischen Scheichs des Landes ausgerechnet dort im Schatten der Pyramiden vor ihm erscheinen?

Besser wäre er doch gleich auf die andere Nil Seite übergesetzt und hätte die führenden Geistlichen in ihrer Wirkungsstätte, der al-Azhar-Moschee, aufgesucht!

Was hat es in Gizeh gegeben, das die Gottesmänner in al-Azhar Moschee dem Franzosen nicht hätten bieten können?

Gizeh ist zugleich mit einem berühmten napoleonischen Spruch eng verknüpft.

»Soldaten! Vierzig Jahrhunderte blicken auf uns herab«,

soll der junge General vor den Pyramiden seinen staunenden Soldaten zugerufen haben.

So klangvoll dieser Spruch auch sein mag, bisher wurde nie die Frage gestellt, wiewohl er die Pyramidenzeit bis auf wenige Jahrhunderte so sicher datieren konnte?

Bis dahin waren die Hieroglyphen nicht entziffert, noch hatte es nicht einmal den Begriff Ägyptologie gegeben.

Auch das Verhalten des englischen Admirals Nelson in diesem denkwürdigen geschichtlichen Kreislauf gibt nicht weniger Anlass zum Grübeln.

Sein verblendeter Fanatismus, den er Napoleon und den Seinigen entgegenschleuderte, zeugt von ungezügeltem Vernichtungswillen, der eigentlich in dieser Form eher bei religiös motivierten Kriegen anzutreffen ist.

Eigenartig in diesem Zusammenhang erscheint dann auch die Suche nach Erklärungen dafür, was wohl die ägyptische Bevölkerung nach dem Sieg bei Gizeh dazu bewog, ausgerechnet Napoleon mit Religion und Prophetentum in Verbindung zu bringen, statt in ihm einfach den ungläubigen und metzelnden Invasor zu sehen?

Auch bei al-Gabarti stoßen wir in dieser Hinsicht auf so manche Ungereimtheit. So erwähnt er in der gesamten Chronik niemals den für den Franzosen geläufigeren Namen Napoleon. Wenn ein Name genannt wird, so ist der Franzose stets »Bonaparte«.

Diese Eigenartigkeit findet in der Heimat des Franzosen eine verblüffende Analogie.

In Paris gibt es eine Rue Bonaparte, doch keine Straße, die den klangvolleren Namen Napoleon trägt.

Schlummert womöglich ausgerechnet hier das alles entscheidende Geheimnis eines Mannes, der wie kaum ein anderer die Welt in Atem gehalten hat, ein Geheimnis, das der französische Maler Jean-Antoine Gros allem Anschein nach in mystischer Weise auf seiner berühmten Siegespose verewigt hat?

Anhang
Das napoleonische Dekret

المادة الأولى

جميـع القرى الواقـعة فى دائرة قـريبة بشـلاث ساعات عن المـواضع التى يمـر بها العـسكر الفرنساوى ، فواجب عليها أن ترسل للسر عسكر بعض / وكلاء من عندها لكيما يعـرفوا المشار إليه أنـهم أطاعوا ، وأنهم نصبوا السنجاق[1] الفرنساوى الذى هو أبيض ، وكحلى ، أحمر

١١٥ /

المادة الثانية

كل قرية التى تقوم على العسكر الفرنساوى تحرق بالنار .

المادة الثالثة

كل قـرية التـى تطيع لـلعـسكر الفرنساوى ، الـواجب علـيها نصب السنجاق الفرنساوى ، وأيضًا نصب سنجاق السلطان العثمنلى محبنا دام بقاه .

المادة الرابعة

المشايـخ فى كل بلد ، أنْ يـختمـوا حالا جمـيـع الأرزاق والبيوت والأمـلاك بتاع المماليك ، وعليهم الاجتهاد الزائد لكيلا يضيع أدنى شىء منها .

المادة الخامسة

الواجب على المشايخ والقـضاة والأئمة أنهم « يلازمون »[2] وظائفهم وعلى كل واحد من أهالى البلد أنه يبقى فى مسكنه مطمئنّا[3] ، وكذلك تكون الصلاة قائمة فى الجوامع على العـادة ، والمصريون[4] بأجمعهـم يشكرون فضل الله سبحانه وتعالى ، من انقراض دولة المماليك قائلين بصوت عال : أدام الله إجلال السلطان العثمنلى ، أدام الله إجلال العسكر الفرنساوى ، لعن الله المماليك ، وأصلح حال الأمة المصرية ؛ تحريرًا بمعسكر إسكندريـة فى ١٣ شهر مـسيدور سنة ١٢١٣ من إقـامة الجمهور الفرنساوى ، يعنى فى أواخر شهر محرم سنة هجرته[5] ، انتهى منقولا بالحرف .

Paragraph 1

Es ist allen Dörfern im Umkreis von drei Stunden der Lokalitäten, welche das französische Heer durchzieht, geboten, dem Oberbefehls- haber Vertreter zu schicken, damit er wisse, dass sie ihm gehorsam sein wollen. Sie müssen auch die französische Fahne aufziehen, die weiß, blau und rot ist.

Paragraph 2

Jedes Dorf, das sich gegen das französische Heer erhebt, wird mit Feuer verbrannt.

Paragraph 3

Jedes Dorf, das dem französischen Heer gehorcht, soll auch die Fahne des osmanischen Sultans, unseres Freundes – möge er lange leben! – hissen.

Paragraph 4

Die Scheichs eines jeden Ortes sollen allen Besitz, Häuser und Güter, die den Mameluken gehören, versiegeln; sie haben große Sorge zu tragen, dass nicht das geringste davon verloren gehe.

Paragraph 5

Den Scheichs, Gelehrten, Qadis und Imamen obliegt es, ihre Pflichten weiter zu erfüllen. Ein jeder von den Bewohnern des Landes soll ruhig in seinem Haus verbleiben. Auch die Gebete sind wie gewöhnlich in den Moscheen zu verrichten, und die Ägypter sollen alle Gott, dem Erhabenen, dafür danken, dass die Herrschaft der Mameluken zu Ende ist. Sie solle mit lauter Stimme sagen: Möge Gott die Herrschaft des Sultans der Osmanen lange andauern lassen! Möge Gott der Macht des französischen Heeres Dauer verleihen! Möge Gott die Mameluken verfluchen und die Lage der ägyptischen Nation besser werden lassen!«

Das napoleonische Sendschreiben

ونص المكتوب المرسل : « بسم الله الرحمن الرحيم لا إله إلا الله » لا ولد له ، ولا شريك فى ملكه ، من طرف الجمهور الفرنساوى [2] المبنى على أساس الحرية والتسوية، السر عسكر الكبير بونابارت أمير الجيوش الفرنساوية ، يُعَرِّفُ أهالى مصر جميعهم أن من زمان مديد ، السناجق الذين يتسلطنون [3] فى البلاد المصرية ، يتعاملون بالذل والاحتقار فى حق الملة الفرنساوية ، ويظلمون [4] تجارها بأنواع البلص والتعدى ، فحضر الآن ساعة عقوبتهم واحسرتا من مدة عصور طويلة هذه الزمرةَ المماليك المجلوبين من بلاد الأبازا [5] ، والكرجستان [6] ، يفسدون [7] فى الإقليم الأحسن الذى لايوجد فى كرة الأرض كلها .

فأما رب العالمين القادر على كل شىء فقد حتَّمَ انقضاء دولتهم ، يأيها المصريين : « قد يقولون [8] لكم إننى ما نزلت بهذا الطرف إلا بقصد إزالة دينكم ، فذلك كذب صريح فلا تصدقوه ، وقولوا للمفترين إننى ما قدمت إليكم إلا لكيما أُخلِّصَ حقكم من يد الظالمين ، وأننى أكثر من المماليك أعبد الله سبحانه وتعالى ، وأحترم نبيه محمدًا ، والقرآن العظيم . وقولوا أيضًا : إن جميع الناس متساوون [9] عند الله ، وأنَّ الشىء الذى يفرقهم من بعضهم بعضًا فهو العقل والفضائل والعلوم فقط ، وبين المماليك ، ما العقل والفضائل والمعرفة التى تميزهم عن الآخرين ، وتستوجب أنهم يتملكون وحدهم كلما يحلوا به حياة الدنيا ، حيثما توجد أرض مخصبة فهى مختصة للمماليك والجوارى الأجمل ، والخيل الأحسن ، والمساكن

الأشهى ، فهذا كله لهم خاصًا . إن / كانت الأرض المصرية التزام للمماليك فليرونا الحجة التى كتبها لهم الله ، فليكن رب العالمين ، هو « رءوفٌ » [١] وعادل على البشر بعونه تعالى من اليوم فصاعدًا ، لايستثنى أحدًا من أهالى مصر عن الدخول فى المناصب السامية ، وعن اكتساب المراتب العالية ، فالعقلاء والفضلاء والعلماء بينهم سيدبرون الأمور ، وبذلك يصلح حال الأمة كلها .

سابقًا فى الأراضى المصرية كانت المدن العظيمة والخلجان الواسعة ، والمتجر المتكاثر ، وما أزال ذلك كله إلا الطمع وظلم المماليك ، أيها القضاة والمشايخ والأئمة ، ويأيها الشربجية [٢] ، وأعيان البلد ، قولوا لأمتكم إن الفرنساوية هم أيضًا مسلمين خالصين ، وإثباتًا لذلك قد نزلوا فى رومية [٣] الكبرى ، وضربوا فيها كرسى البابا الذى كان يحث دائمًا النصارى على محاربة الإسلام ، ثم قصدوا جزيرة مالطة وطردوا منها الكواللرية [٤] ، الذين يزعمون أن الله تعالى يطلب منهم مقاتلة المسلمين ، ومع ذلك الفرنساوية فى كل وقت من الأوقات صاروا المحبين الأخلصين لحضرة السلطان العثمنلى ، وأعداء أعدائه ، أدام الله ملكه ، وبالمقلوب المماليك ، امتنعوا من طاعة السلطان ، غير متمثلين لأمره ، فما أطاعوا أصلًا إلا لطمع أنفسهم ، طوبى ثم طوبَى [٥] لأهالى مصر الذين يتفقون [٦] معنا بلا تأخير فيصلح حالهم ، ويعلى مراتبهم ، طوبَى أيضًا للذين يقعدونَ [٧] فى مساكنهم غير ماثلين لأحد من الفريقين المحاربين ، فإذا هم يعرفوننا بالأكثر يتسارعون [٨] إلينا بكل قلب ، لكن الويل ثم الويل ، للذين يتحدون مع المماليك « ويساعدونهم » [٩] فى الحرب علينا ، فما يجدون طريق الخلاص ، ولايبقى منهم أثر .

»Im Namen Gottes, des barmherzigen Erbarmers! Es gibt keinen Gott außer Gott (Allah); er hat keinen Sohn und keinen Gefährten in seiner Herrschaft! Von Seiten Frankreich, das aus der Freiheit und der Gleichheit beruht, tut der Oberbefehlshaber, Kommandant der französischen Heere, Bonaparte allen Bewohnern Ägyptens kund, dass die Sangaqs, die über das Land Ägypten herrschen, die Rechte der französischen Nation missachtet und geschädigt und ihren Händlern durch alle Art Schikanen und Feindseligkeit Unrecht getan haben. Nun ist die Stunde der Bestrafung gekommen. Es währt seit vielen langen Jahrhunderten, dass dieser Schwarm der aus Georgien und dem Tscherkessenland importierten Mameluken dieses schöne Land verdirbt, das zu den besten gehört, die es auf dem ganzen Erdball gibt. Der Herr der Menschen in aller Welt ist aller Dinge mächtig; Er hat das Ende ihrer Macht zugeordnet.

Ihr Ägypter, man hat euch vielleicht vorsagen wollen, dass ich nicht in dieser Absicht gekommen sei, sondern vielmehr, um eure Religion zu zerstören. Dies ist eine offenkundige Lüge; schenkt ihr keinen Glauben! Sagt vielmehr den Verleumdern, dass ich zu euch gekommen bin, um euer Recht aus der Hand der Unrechttuer zu befreien, und dass ich mehr als die Mameluken Gott-Er ist hoch und erhaben-diene und seinen Propheten und den herrlichen Koran verehre. Sagt ihnen auch, dass alle Menschen vor Gott gleich sind und dass das, was sie voneinander unterscheidet, ihr Verstand sei, ihre Vorzüge und ihr Wissen. Doch was haben die Mameluken an Verstand und Vorzügen? Was unterscheidet sie von anderen Menschen, so dass sie Ägypten alleine besitzen sollen und das Beste im Land, schöne Mädchen, herrliche Hengste und freundliche Häuser, für sich alleine nehmen wollen? Wenn die Erde Ägyptens einzig den Mameluken gehören soll, so sehen wir nicht, welchen Rechtstitel darauf ihnen Gott erteilt habe. Doch der Herr der Menschen in aller Welt ist barmherzig, gerecht und langmütig. Von nun an und mit Seiner Hilfe- Er ist langmütig – soll keiner der Ägypter mehr ohne Hoffnung sein, hohe Ämter und reiche Gehälter zu erlangen. Die Gelehrten, die Tugendhaften und die Verständigen unter ihnen werden die Dinge so ordnen, und dies wird der ganzen Nation Nutzen bringen. Einst gab es im Lande Ägypten herrliche Städte, weite Kanäle und reichliche Waren; all dies haben jedoch das Unrecht und die Hab- sucht der Mameluken verdorben. Ihr Scheichs, Qadis, Imame, Corbagis, ihr Würdenträger des Landes, erklärt eurer Nation, dass die Franzosen ebenfalls echte Muslime sind. Als Beweis dafür dient, dass sie in die große Stadt Rom eingedrungen sind und den Sitz des Papstes zerstört haben, der stets die Christen dazu aufgehetzt hatte, Kriege gegen die Muslime zu führen. Daraufhin haben sie sich der Insel Malta zugewandt und haben die Ritter verjagt, die zu behaupten pflegten, Gott – Er ist hoch erhaben – verlange von ihnen, gegen die Muslime zu kämpfen. Außerdem sind die Franzosen zu allen Zeiten aufrichtige Freunde des Hohen Sultans der Osmanen gewesen sowie Feinde seiner Feinde – möge Gott seine Herrschaft lange dauern lassen! –, während die Mameluken ihm keinen Gehorsam leisteten, außer wenn sie vortäuschen wollten, dass sie sein Gebot befolgten; im Grunde aber gehorchen sie nur ihren eigenen Begierden. Alles Wohl und Heil wird den Ägyptern geschehen, die uns ohne Verzögerung zustimmen; ihre Lage wird angenehm sein, und ihre Gehälter werden zunehmen. Wohl wird es auch jenen ergehen, die in ihren Wohnungen bleiben und keiner der beiden kriegführenden Parteien zuneigen. Denn wenn sie uns besser Kennenlernen werden sie aus ganzen Herzen uns zueilen. Doch Weh über Weheleid steht jenen bevor, die die Mameluken im Krieg gegen uns unterstützen; sie werden keinen Ausweg zur Rettung mehr finden, und keine Spur von ihnen wird übrigbleiben!

Abbildungsnachweis

Titelbild: nach Louis Francois Lejeune, Musée de Versailles.
Abb. 1: nach Forbin.
Abb. 2: Bibliothèque Nationale, Paris.

Abb. 3, 6, 7, 9, 10, 11, 13, 14: Description de l'Égypte. Paris 1809, Bibliothèque Sainte-Geneviève, Paris.
Abb. 4: nach Louis Francois Lejeune, Musée de Versailles.
Abb. 5: nach Francois-Henri Mularde.
Abb. 12, 18: Foto Hachette.
Abb. 16: von H. Edrige, 1802.

Abb. 17: Nach Georg Amald, National Maritime Museum, London

Literaturnachweis
-Leopold von Ranke und die moderne Geschichtswissenschaft, Verlagsgemeinschaft Ernst Klett Verlag.
-Bonaparte in Ägypten, Abd ar Rahman al Gabarti, Piper 1983. Geschichte der arabischen Welt, Ulrich Haarmann, C.H.Beck 2001.
-Napoleon, André Maurois, Rowohlt Verlag.
-Der Spiegel, Trikolore im Splitterregen, 26/1999.
-Der Spiegel, der Roman eines Halbgotts, 8/2002.
-Napoleon-Revolutionär und Monarch, Roger Dufraisse, C.H.Beck. Napoleon-Stratege und Staatsmann, Vincent Cronin, Wilhelm Heyne Verlag.
-Napoleon Bonaparte-Spezial, Das Sonderheft von G/Geschichte, Nürnberg.
-Die Französische Revolution, Walter Grab, Büchergilde Gutenberg.
-Ägypten-Entdeckungsreisen ins Land der Pharaonen, Alberto Siliotti, Karl Müller Verlag.
-Der Nil – die Geschichte seiner Entdeckung, Gianni Guadalupi, Karl Müller Verlag.
-Napoleon-Lebensbilder, Eckart Klessmann und Karl-Heinz Jürgens, Gustav Lübbe Verlag.
-Al-Gabarti, Mazhar Al-Taqdis, Prof. Abd al-Rahim Ar. Abd al-Rahim, National Library Press, Kairo 1998

Zeitfracht Medien GmbH
Ferdinand-Jühlke-Straße 7
99095 Erfurt, Deutschland
produktsicherheit@kolibri360.de